iberty
自由

自由
iberty
自由

看漫画读经典系列

密尔的论自由

On Liberty

［韩］泓性子 著 ［韩］李柱瀚 绘

李舟妮 等译

科学普及出版社

·北 京·

图书在版编目（CIP）数据

密尔的论自由 /（韩）泓性子著；（韩）李柱瀚绘；李舟妮等译.
--北京：科学普及出版社，2022.8
（看漫画读经典系列）
ISBN 978-7-110-10268-8

Ⅰ.①密… Ⅱ.①泓… ②李… ③李… Ⅲ.①穆勒（Mill，John Stuart 1806-1873）—生平事迹—通俗读物 ②自由—通俗读物 Ⅳ. ①B561.42-49 ②D081-49

中国版本图书馆CIP数据核字（2021）第119306号

总 策 划 秦德继 周少敏
策划编辑 何红哲 任 洪
责任编辑 何红哲
封面设计 孙雪骊
排版设计 北京市青桃涵文化发展有限公司
责任校对 邓雪梅
责任印制 李晓霖

出 版 科学普及出版社
发 行 中国科学技术出版社有限公司发行部
地 址 北京市海淀区中关村南大街16号
邮 编 100081
发行电话 010-62173865
传 真 010-62173081
网 址 http://www.cspbooks.com.cn

开 本 787mm×1092mm 1/16
字 数 230千字
印 张 15
版 次 2022年8月第1版
印 次 2022年8月第1次印刷
印 刷 北京瑞禾彩色印刷有限公司
书 号 ISBN 978-7-110-10268-8/B·77
定 价 42.00元

（凡购买本社图书，如有缺页、倒页、脱页者，本社发行部负责调换）

透过漫画，邂逅大师

让人文经典成为大众读本

40多年前，在我家的胡同口，有一个专门向小孩子出租漫画书的小店。地上铺着一块大大的黑色塑料布，上面摆满了孩子喜欢的各种漫画书，只要花一块钱就可以租上一本。就是在那里，我第一次接触到漫画。那时我一边看漫画，一边学认字。从那个时候起，我就感受和领悟到了漫画的力量。

漫画使我与读书结下不解之缘。慢慢地我爱上了读书，中学时我担任班里的图书委员。当时我所在的学校，有一座拥有10万册藏书的图书馆，我几乎每天都要在那里值班，边打理图书馆边读书，逗留到晚上10点。那个时期，我阅读了大量的书籍。

比如海明威的《老人与海》，和我同龄的孩子都觉得枯燥无味，而我却至少读了四遍，每次都激动得手心出汗。还有赫尔曼·黑塞的《德米安》，为我青春躁动的叛逆期带来了许多安慰。我还曾经因为熬夜阅读金来成的《青春剧场》而考砸了第二天的期中考试。

那时我的梦想就是有朝一日能经营一家超大型图书馆，可以终日徜徉在书的世界；同时，我还想成为一名作家，写出深受大众喜爱的作品。而现在，我又有了一个更大的梦想，那就是创作一套精彩的漫画书，可以为孩子带去梦想和慰藉，为孩子开启心灵之窗，放飞梦想的翅膀，帮助他们更加深刻地理解自己的人生。

这套书从韩国首尔大学推荐给青少年的必读书目中精选而出，然后以漫画的形式解读成书。可以说，这些经典名著凝聚了人类思想的精华，铸就了人类文化的金字塔。但由于原著往往艰深难懂，令人望而生畏，很多人都是只闻其名，却未曾认真阅读。

现在这套漫画书就大为不同啦！它在准确传达原著内容的基础上，让人物与思想都活了起来。读起来引人入胜，犹如身临其境，与那些伟大的思想家展开面对面的对话。这套书的制作可谓是系统工程，它是由几十位教师和专家组成的创作团队执笔，再由几十位漫画家费尽心血，配以通俗有趣又能准确传达原著精髓的绘画制作完成。

因此，我可以很负责任地说，这是一套非常优秀的人文科学类普及读物。这套书不仅适合儿童和青少年阅读，也适合成人阅读，特别是父母与孩子一起阅读。就如同现在有“大众明星”“大众歌手”一样，我非常希望这套“看漫画读经典系列”图书可以成为广受欢迎的“大众读本”。

孙永云

与200年前的大思想家对话吧

邂逅伟大的人物并与之对话，是一件极其幸运的事。但许多伟人早已离开人世，与他们近距离接触便成了不可能的事。幸好，我们还可以通过书籍来追寻他们的足迹。

在《论自由》这部著作中，密尔构想了一个充满自由的社会。处于这个社会中的每个人都可以按照自己的方式生活，并且也不妨碍他人的自由。他认为，这个社会实现的前提是人们的思想自由得到保障。所谓思想自由，就是一个人可以持有与他人不同，甚至是与多数人不同的意见，并可以自由地将自己的意见表达出来。

我希望大家在阅读《论自由》时牢记以下两点：

一是“认为自己的想法绝对正确是十分危险的”。大部分人只能在“个人经验”和“自我意识”的窄小框架下对事物做出判断，却总认为自己的判断是绝对正确的。这种错误不仅发生于个体，有时也见于一个集团甚至一个时代。正因如此，人类才会在历史上留下如此多的错谬行径。密尔在书中多次强调，与己不同的观点甚至是与多数人不同的意见也有可能是正确的。以不压制、不蔑视的态度去对待不同意见，就是他在《论自由》中最想表达的观点。

承认“不同意见有可能正确”，并不意味着我们必须认同且看重任何观点，而是说我们应该以开放的胸怀去接纳“少数意见”中可能包含的真理，只有这样，我们才能离真正的真理更进一步。

二是“我们如今的点滴自由都来自前辈思想家们的不懈奋斗”。如今看来，我们每个人以各有尊严、相互平等的个体而生存似乎是理所当然的事。但如果没有勇于开辟新时代的思想巨人和为争取自由与尊严而奋力拼搏的先驱们，我们现在所享有的一切都将不存在。

在进行本书创作时，我一直努力忠实于原作。一方面尽量采用通俗有趣的语言重现密尔的精彩论述，另一方面保留了原书中的丰富事例。不过，我在阐述原著思路的基础上将原著的第二章“论思想自由与讨论自由”细分为七个小节，并加上了小标题，构成了本书第3章至第9章的内容。

彩色漫画版《密尔的论自由》致力于将艰深难懂的原著以简单有趣的形式展现给读者。希望大家通过阅读本书增进对原著的喜爱，增加阅读原著的渴望与勇气。同时，我也希望与大家一起通过本书感受大思想家密尔的魅力，体会其经典著作《论自由》带来的精神愉悦。

泓性子

自由是一种契约行为

在阳光和煦的春天，看着校园中盛开的花朵，任谁都会产生对“自由”的向往。这时，坐在沉闷的教室中，一边用手撑着下巴，一边听着老师讲课，你一定会在心中默默呐喊：

“啊，我想要自由！我想要立刻冲到游乐场玩过山车！”

但是，这样真的就是自由吗？

你也许会说，自由无非是做自己想做的事。但稍微往深里想一想，你就会发现，自由总是出现在束缚、压迫之后。也就是说，当我们感到被约束而不快时，才会想到逃脱，想到自由。由此可见，自由并非毫无责任感的自我放纵，而是遵循一定原则的契约行为。

在《论自由》一书中，密尔提出了自由的正确概念，并对个体权利和社会权力的范围进行了设定。

《论自由》赋予了个人最大限度的自由和权利。密尔在书中强调，即便在所有人的意见都一致的情况下，哪怕只有一个人站出来反对，也不应该抹杀那个人的意见。这一观点为密尔当时所处社会所面临的女性、人权、宗教、种族等问题提供了革命性的解决思路。

在当今社会，我们可谓是尽享自由。我们想用什么就用什么，想说什么就说什么。但这如空气般自然存在的自由却并非从来就有，它是几千年来无

数先辈在与帝王等统治阶级的英勇斗争中争取而来的。从这一点看，我们今天的自由可谓来之不易。

相信各位读完本书之后，一定能更深刻地体会到自由的宝贵。

在创作本书插画的过程中，我遇到了不少困难。毕竟将看不见的“自由”画成漫画并不是一件容易的事。虽然我为画得简单有趣已竭尽全力，但仍难免有不足之处。在这里希望大家不吝批评并提出建议，我定当虚心接受、努力改进。

最后，我要感谢在本书的创作过程中给予我大力支持的人。感谢出版社和孙永云先生给予我这次宝贵的机会，感谢本书的文字作者泓性子先生，感谢将我的拙作编辑得如此精美的出版社工作人员。与此同时，我还要向帮助过我的工作室同仁，以及一直支持我走到今天的父母表示最诚挚的谢意。

李柱瀚

目录

宪法
民意
自由

第1章 《论自由》是一本怎样的书

再时不时拿出来仔细阅读，认真检查，重新修改。
真的要全部改掉重写吗？
检查
再检查
密尔原本打算和妻子一起从1858年冬天到1859年冬天对原稿进行最后的修订，但是妻子却因病离世了。
于是，这个计划最终未能实现。
对此，密尔曾经说过这样的话："我失去了她，就失去了人生的荣耀与最大的幸福。迄今为止我为人类发展所做出的一切努力，以及未来试图实现的种种事业都离不开她的支持。"
我要将这本书献于妻子的墓前！
On Liberty
在我的所有著作中，《论自由》是得到妻子帮助最多的一部。
作者签名会
那是为什么呢？
因为我的思想很大程度上受到了妻子的影响。
密尔曾预言，这本书的生命力将远胜于其他任何著作。
论自由
将永世流传
哈莉特·泰勒既是密尔的爱妻，又是他的知己。密尔曾在给泰勒的致辞中这样写道：
她对正义和真理有极高明的见解。她以高贵的情感给予了我无限感化。她的一句称赞可以让我无比欣喜。我的文字中最精华的部分全部是来源于她的灵感。她几乎是我作品的另一位作者。我将永远珍藏与她在一起时充满爱与美好的时光，我将永远记得她的离开所带来的悲痛。我将这本书献给她——我永远的知己，永远的妻子。
ON AIR

那么，这本背后充满悲伤故事的书究竟讲了些什么内容呢？
你是不是把它看得太简单啦？
把它看得太简单就错啦！
《论自由》当然是讲自由的故事啦！
论自由
你一定说过“我要自由！”“我要自由生活！”这样的话吧？那么“自由是什么”？
当然啦！我是自由人嘛。
Liberty
你是不是以为自由就是为所欲为呢？
不许问！我的想法也是我的自由！
空
这种理解是错的！要是人人都为所欲为，那产生冲突怎么办？
啊！
砰
下面我要跟你们说一句话……听完这句话，你们可能会很激动……
自由见面会
哼……
J.S.MILL
哐
那就是——未成年人没有享受自由的资格！
你们快走开！
Liberty
自由只适用于心智成熟的人，也就是成年人。
我们也要自由！
自由自由自由
懂了吧？
呵呵
在我生活的那个年代，社会平等和舆论政治刚刚兴起。
密尔很担心，这些新潮流会迫使人类的思想与行动变得过于统一。
也就是说，在公众意见和社会习俗的制约下，人类个性的发展可能会受到阻碍。
习俗
公众意见

我是这样描述“多数人暴政”这个词的。
展览
它会侵入每个人私生活的各个角落，并最终控制人的大脑，使其无处可逃。
社会就是以这样的方式抑制与大多数人不一致的个体的发展。
多
有可能的话，社会甚至会将这些不同于大多数的思想扼杀于摇篮中。而这些做法的目的就是让所有人的性格与特质完全符合社会的标准。
在当时这样的社会现状下，《论自由》所传递的思想才显得意义重大。
怎么样，是不是感觉呼吸困难？
是。
密尔还担心，这种压抑的状况会持续很长时间。
让我们冲破束缚吧！
我也要！
煮熟的蛋
遗憾的是，在如今的有些地区，人们的生活方式依旧未能摆脱受压抑的趋势，
多样化、个性化的个体发展始终无法繁荣。
多样化
我的担心不是多余的，对吧？
我还在考虑未成年人的自由问题呢……
所以，《论自由》至今仍是一本很有现实意义的书。
论自由

*威廉·冯·洪堡——德国教育改革家、语言学家，比较语言学的奠基人。

对他人可以实施干涉自由的“权力”也只能用在防止其伤害他人。
POLICE
除了这种情况，在文明社会中对社会成员自由的侵犯都是不正当的。
LIBERTY
那么，为什么人们觉得自由这么重要呢？
问得好！
试问，谁能对一个人的情感、所处状况等，
做出最正确的判断呢？
是不是妈妈？
当然是那个人自己。
我的想法还有谁比我自己更清楚？
PIZZ
你想吃比萨吧？
我也想吃比萨……
功利主义
因此，自由当然是必须拥有的。
我是一个自由人！
所以，把自由交给每个人，
不论对个人还是对社会，
都会产生最好的结果。
哐
自由使用权
自由购买权
自由商品权
但是，自由之所以珍贵，不仅仅是因为它会带来好的结果。
自由
777
结果

即便不能得到好的结果，自由也仍然是宝贵的！
为什么？
当然要有好结果才可以……
我的主人就是我自己！不是荣誉，也不是金钱！
加油！
啊……好羡慕……
因为自由不是为了功利目的，
而是为了让每个人以自己的方式去生活。
我的人生我做主！
密尔一方面强调自由的可贵，
自由
另一方面也因为自由必须受到限制而苦恼。
因为自由总是不可避免地受到限制，所以……
他将自己关于自由的想法全部写在了《论自由》一书中。
论自由
J.S.Mill
on Liberty
《论自由》一共分为五章。
第一章绪论是对自由的客观阐述。
这一章是对全书内容的概括嘛。

第二章阐述了对“思想自由和讨论自由”的看法。
我尤其强调了思想自由的重要性哦！
自由
第三章阐述了人类幸福生活的重要因素之一——个性。
这关系到人类的行动自由哦！
第四章阐述了社会施加于个人的权力限度。
第五章阐述了自由理论如何应用于现实的有关问题。
最后，我来讲讲我最强调的“思想自由”。
COCOA
在一群人中如果有一个人提出不同意见，
我的想法不一样！
那么，强迫那个人闭嘴就是错误的行为。
这就像一个人因为和别人想得不一样，
我不这么想！
咯吱
就强迫其他所有人沉默是一样的，都是不可容忍的错误行为。
咯吱

限制思想自由不仅是对当代人的迫害，
嗡
?
更是对后代的掠夺。
把你们夺走的东西还给我们！
啊！
2089未来人
为什么说是对后人的掠夺呢？
这是什么？
章鱼吗？
你们继续跟着我看书就知道啦！
我可没做错什么呀。
剧场
Liberty
对了！读《论自由》之前，你们要先了解下面这些内容。
不行！那个可是时光机啊！
一口吞下
《论自由》是一本经得起时间考验的经典著作，你越读就越会感受到它的价值。
啊，名著的芳香！
论自由
在阅读本书的过程中，你一定会经常发出这样的惊叹“啊！对啊！原来是这么回事！”。
对！
对不对？
咚
而且，有的读者还会产生“告诉其他人什么才是真正自由”的冲动。
你这样不叫自由……
什么？！
吧啦吧啦吧
如果你想体验这样的感受，就赶快继续读下去吧！
这本书多少钱？
CASHE
论自由

但是，由于密尔自幼接受了严谨的理论分析训练，
你们知道吗？我从3岁就开始系统化的训练啦。
呵呵……
天才
理论
所以，他写的这本书并不是那么好懂。
正确的结论还在沉睡之中，这是什么意思？
哈哈哈，你读完这本书就知道啦。
因此，我们在读这本书之前需要做些准备工作。
第一，要想跟上密尔的理论脚步，就要让你们沉睡的大脑转动起来。
推呀推
想追得上的话，你们就追吧！
这样，你们就能渐渐体会到密尔理论的精彩了。
终于到了！
第二，如果遇到难以理解的词汇，你们最好拿出词典查一查。
哇！
你第一次看到电子词典吧？
唰唰
不管做什么事，花费时间和精力才能有所收获，对吧？
来吧，我们这就出发！

什么是
功利主义哲学

从18世纪末到19世纪中期，英国的工业革命一直在如火如荼地进行。在这样的时代背景下，人们的物质生活变得非常富裕，但随之而来的却是无限度的自由竞争和个人利益追求。为此，功利主义者开始思考如何调和个人利益与社会整体利益之间的矛盾。

功利主义的基本思想是：“任何人生来就有追求快乐、避免痛苦的天性。”在功利主义者看来，判断某一行动是否正确的依据在于这种行动会带来幸福还是不幸。他们相信，虽然人类生活的目的在于追求快乐和幸福，但如果每个人只顾着追求个人的幸福，社会就会陷入混乱。因此，功利主义者追求的是“最多数人的最大幸福”。

功利主义哲学思想的最著名代表人物莫过于杰里米·边沁（1748—1832）。他认为，幸福就是快乐而没有痛苦的状态。正确的行为会增加快乐，错误的行为则会带来痛苦。因此，人们应该为了享受快乐而坚持正确，为了减少痛苦而杜绝错误。同时，社会是个人的集合，所以个人的幸福关系到全社会的幸福，越多人享受幸福，社会就发展得越好。所以，他又认为“最多数人的最大幸福”是制定法律与道德的依据。

边沁指出，快乐只有一种，区别在于量的大小而不是质的差异。他还提出了测定“快乐量”大小的方法，即通过快乐的强烈程度、持续时间、感受清晰度、接近程度、是否会产生其他快乐、是否完全无痛苦、是否会给许多人带来影响等九种方式来判断。

功利主义哲学的代表人物
杰里米・边沁

密尔和边沁一样，认为人生的终极目标是幸福。但他觉得在追求幸福的过程中不仅要重视“快乐量”的增加，更要提高快乐的质量。密尔认为，快乐也有贵贱之分。即肉体上的快乐是低级快乐，精神上的快乐才是高品质的快乐。因为精神上的快乐可以使人感受到长久的幸福，而且这种幸福不仅作用于个人，更会对其他人产生积极的影响。

第2章
密尔是个什么样的人

那么，密尔是个什么样的人呢？
他是谁呀？
密尔？
面粉
面粉
牛奶

嗯……你应该听说过这句话吧？
宁愿做饿死的苏格拉底，也不做吃饱的猪。
我是饿肚子的猪，呜呜。
我是吃饱的苏格拉底，哈哈哈！

这句话就是《论自由》的作者密尔的名言。
大家好！我是约翰·密尔。

现在你们对我有点印象了吧？
嗯！

那我再讲一些我自己的故事吧！
我是谁？
John. S Mill

约翰·密尔1806年5月20日出生于英国伦敦。
哇哇哇~
这孩子的哭声还真嘹亮啊！
当时，英国对法国的拿破仑战争刚刚开始。
轰
隆
隆
这场战争导致英国陷入经济困难时期。
DOUNUT
肚子好饿
直到维多利亚女王继位后，英国才渐渐恢复繁荣。这一时期，英国社会发生了巨大的改变。
工业化与民主化的浪潮席卷全国。
说到我的儿时，就不得不提到我所接受的“早期教育”和“精英教育”啦！
精英教育？
提到教育，说不定你还不如我国的妈妈们懂得多呢！
密尔的父亲詹姆斯·密尔立志要将儿子培养为优秀的继承人，所以从小让密尔接受了功利主义思想和精英教育。
我是边沁的朋友，也是功利主义的忠实拥护者！
功利主义
我从未正式上学接受过正规教育呢！
啊，那你不是没学历吗？
哈
哈
但是我从父亲那里接受了严格的家庭教育。
哇！就是传说中的家教嘛？
Greek
你知道我几岁开始学习希腊文的吗？
10岁？

别开玩笑啦，我3岁就开始学习啦！
啊？我3岁的时候还不认字呢！
还真得意呢。
密尔从背诵爸爸编的单词书开始学习希腊文。
阿尔法、贝塔、伽马……
希腊语
你们非常熟悉的《伊索寓言》就是我读的第一本希腊文图书。
伊索寓言
狮子和老鼠
乌鸦喝水
密尔从8岁开始就阅读希罗多德、色诺芬、柏拉图的著作。
我还学了拉丁文呢。
dialogues
Anabasis
historide
不仅如此，他还学习代数、法语，12岁那年又学习逻辑学，真是非常了不起！
太伤自尊了！
对了，我还有一个非常大的爱好。
玩模型？打游戏？
那就是编写历史书！
还真是无所不能啊……
哐当
罗马史
密尔通过归纳摘录相关书籍，编写了《罗马史》《古代各国史》《荷兰史》等书。
唰唰
啦啦啦，写书真有趣。
所以，你胡须才长那么长！
罗马史
约翰·密尔
哎哟，别这么说。我也喜欢看《鲁滨孙漂流记》和《一千零一夜》呢。
真的吗？
只可惜那个年代没多少儿童读物。
要是有这样的书就好了……
Harry Potter

儿时的密尔最崇拜父亲。
爸爸！
他经常和父亲在早饭之前一起散步。
到散步时间啦！
走吧，爸爸！
父亲喜欢带密尔走树林里的小路，一边散步一边和他谈论前一天读过的书。
给爸爸说说昨天读了什么书？
我读了希罗多德的《历史》……
父亲还经常给密尔讲人文、政治、道德和科学方面的知识。
当时特洛伊的王子帕里斯……
就这样，密尔几乎完全从父亲那里接受教育，
并没有机会和同龄小朋友们一起读书上学。
而且，父亲从不让密尔接受任何宗教教育和情操教育。
宗教
情操
情操
在父亲的教育下，密尔很快就在各方面超越了同龄的孩子，
我不认为我生来就拥有异于常人的理解力和记忆力。
您还真谦虚。
追赶密尔的步伐
您是天才！..
这一切都要归功于父亲对他的正确指导。
谢谢您，爸爸！

一般人要是接受这样严格的教育，被灌输如此大量的知识，
气喘吁吁
肯定早就因为压力过大而倍感精神压抑了。
但密尔可不是一般人，他逐渐成长为一名伟大的学者。
这一切要归功于父亲独特的教育方式。
密尔的父亲非常反对死记硬背的学习方式。
任何学习都要以理解为基础。
背诵之前先理解！
理解
他总是尽量让密尔独立思考、独自解决问题，从不轻易解说。
同时，他认为一个人如果总认为自己比别人优秀，就容易骄傲自满，导致一事无成。
所以，他想尽办法不让密尔听到表扬，
并时刻提醒他保持谦虚谨慎。
谦虚
父亲教育密尔不要关心别人在做什么，
怎么学会不攀比
而应该关注自己的潜能，关注自己该做的事。
潜能
在密尔14岁那年准备动身去长途旅行之前，

父亲在海德公园里对密尔说了这样的话：
你很快就会认识许多新朋友，到时候你就会发现自己比同龄人懂得要多得多。也许会有很多人对你的博学多识表示称赞，
但是，你比别人懂得多并不是因为你天生比别人聪明……
?
而是因为你运气好，有我这个不辞辛劳、不吝时间来教育你的父亲。
!
父亲
你比那些没这么好运的人懂得多一些是很自然的事。
要是你没有得到称赞，那才是你最大的耻辱。
密尔从16岁开始向报纸投稿，从此踏上了思想家之路。
17岁那年，
他跟随父亲加入了管辖印度殖民地的东印度公司。
但是，1826年秋天，
20岁的密尔突然感到一种精神上的危机。
为什么我突然感觉自己变得软弱无力？

我对什么都不感兴趣，一切都无法让我高兴。
为什么原本应该高兴的事只会让我感到平淡无趣呢？
因为你长大了吧。
嘿嘿
于是，密尔决定凭借自己的力量冲破这个困境。
他认识到，父亲的教育过度倾向于逻辑分析训练，
逻辑
分析
而忽视了对感情的培养。
虽然严谨的分析习惯有利于对事物的判断，
总觉得脑袋冷冷的！
却阻碍了情操和美德的发展。
认知能力固然重要，情商的培养也很重要啊！
于是，密尔渐渐认识到，人生中的平凡事物也会带来快乐。
从阳光、蓝天、书籍、小故事等平凡的日常事物中，
我感受到了快乐。这些快乐虽然不强烈，但却足以融化我的心。
这些就是人生的平凡乐趣呀！

接下来，要不要听听我的爱情故事？
好！我很想听！
我也要！
学习是充满激情的，爱情也同样如此，哈哈！
1830年的某一天，密尔遇到了一位名叫哈莉特·泰勒的女士。
这位女士就是……
这一年，密尔24岁，哈莉特23岁。
初次见面，请多关照。
哈莉特是一位很出色的女性。她学识渊博，又拥有丰富的情感和想象力。
那我就是预备新娘3号。
你别乱跑！
但是，当时的哈莉特已经结婚，生了两个孩子。
有夫之妇？！
但是我真的很喜欢她呀……
你可千万不能……
唉
很快，上流社会人士开始纷纷谈论两人的关系。
不过，对当时的密尔来说，哈莉特是最重要的精神知己。
哈莉特，你来看看我写的这篇文章吧！
政治见解
好呀。
认识哈莉特之后，密尔写下了两部传世之作。
一是出版于1843年的《逻辑学体系》。
嗒

这部书是密尔潜心研究10年的成果，展示了他的研究方法论。
方法论
二是出版于1848年的《政治经济学原理》。
这是我和哈莉特合著的第一本书。
看来，密尔的爱情不仅使他的思想更深刻，还对他的学术研究有很大帮助。
当然，这段爱情也使他遭遇了众叛亲离的痛苦。
HOME
就这样，两个人的关系一直持续到哈莉特的丈夫泰勒患癌症去世。
那一年，我44岁了。
您还真是等了很长时间呢。
1851年，45岁的密尔
呜啦啦
终于与哈莉特结婚了。
哇！恭喜你们！
但正如密尔在自传中所说：“这段幸福只持续了7年半。”
仅仅7年半……
因为哈莉特·泰勒在法国旅行的途中患了感冒和肺炎，
猝然离世。
夫人！你不能就这样离开我！
后来，密尔搬到靠近妻子墓地的地方——阿维尼翁附近居住，终生守护着妻子的亡灵。

1858年，密尔告别了工作多年的东印度公司，
辞职
开始专注于写作。
1859年，他发表了代表作《论自由》。
On LIBERTY
John Stuart Mill
两年之后，发表了批判大众民主政治弊端的《论代议制政府》。
论代议制政府
John Stuart Mill
Considerations on Representative Government
后来，他又发表了《功利主义》《妇女的屈从地位》等著作。
Utilitarianism
J. S. Mill
The Subjection of Women
呕心沥血
60岁那年，密尔曾尝试进入政界。
哗啦
您要投身政界？
密尔一直认为，
政治属于那些爱出风头、爱指挥别人的人！
所以一直不愿参与政治。
由于周围人的不断劝说，
你一定要站出来啊！
啊？
他最终参加了选举。但他坚持自己一贯的原则，没有花一分选举资金。
密尔加油！
支持密尔加入议会！
有钱为什么不用呢？

在选举过程中，他大胆地宣扬了自己的理念。
女性也应该和男性一样，拥有选举权……
最终，他顺利当选为下议院议员，成了一名忠实的人民公仆。
哇!
WINNER
但没过多久，密尔就结束了短暂的政治生涯。
收拾包袱回家喽。
因为他觉得自己最重要的不是参与政治，而是在参选过程中宣扬自己的理念。
啪 啪
密尔曾经在演讲中这样说：
我完全没有当议员的想法，也没有花一分选举经费。我只是想宣扬女性应该和男性一样，拥有选举权……
你只是想获得支持而已？
即便当选了我也不会为地区利益而努力的！
扑通
怎么样，我很帅吧？
真是太棒啦！
厉害！
对此，曾经有文学家这样评论：
即便约翰·密尔是万能的神仙，也不可能当选。
虽然他的主张在我们现代人看来是非常合理的，但在当时可是人们想都不敢想的。
我是不是太超前啦？
事实上，英国一直到1928年才认可了女性的参政权。
投票站
这是我长这么大第一次投票呢。

后来，密尔回到了法国阿维尼翁，继续埋头研究。
在一次与《昆虫记》的作者法布尔一起郊游后，
今天天气真好呀。
今天我们去看看蚕蛾吧！
密尔患病，于1873年5月8日与世长辞。
密尔曾经对照顾自己的养女这样说：
我已经完成了所有想做的事。
就这样，67岁的密尔带着对真理的卓越见解
真理
真理
真理
adaequat.
rei
和对自由的无限热情，离开了人世。
自由
他的墓碑就立在他一生唯一的爱人哈莉特·泰勒的墓碑旁边。
Cimetiere de St.veran
John stuart Mill
这里就是我的墓碑啦。
您可以和夫人永远地相守啦！
啊！

女性参政权的历史

所谓女性参政权，就是法律上承认女性参与政治的权利。参政权通常包括了选举权和被选举权等。从古希腊和古罗马时期起，女性就没有投票选举的权利。在欧洲，这种情况一直延续到了19世纪。根据英国1832年第一次修订的《选举法》，拥有一定数额以上财产的人才能拥有投票权。1867年第二次修订的《选举法》中，又规定了城市劳动者和小市民也可以投票。后来又经过了多次的修订，英国才逐渐确立了认可女性选举权的选举制度。

女性选举权问题成为19世纪各国的争论焦点。英国和美国曾因这个问题而引发国内的巨大震荡，因此英国和美国并不是第一批承认女性选举权的国家。1893年，新西兰率先立法承认女性选举权。随后，澳大利亚和芬兰分别于1902年和1906年认可了女性参与全国选举投票的权利。

第一次世界大战之后，欧洲各国开始陆续承认女性选举权。美国则是在1920年正式认可了女性投票权。大部分的发达国家都是在20世纪20年代开始认可女性投票权，但希腊、意大利等国直到第二次世界

英国的女权主义者玛丽·沃斯通克拉夫特

大战之后才承认女性投票权。而亚洲、非洲的大部分女性也是在第二次世界大战之后才通过国家的独立和民主制的兴起才渐渐以和平方式获得投票权。

在韩国，自1948年第一次实施选举以来，女性就拥有了投票权。葡萄牙、西班牙等国一直到1970年之后才承认女性投票权。中东地区的约旦和科威特更是直到1984年和2005年才承认。而在沙特阿拉伯，女性到2015年才有投票权。

时间	英国选举权的修改
19世纪初期	贵族、富人才拥有选举权
1832年选举法	中产阶级也拥有了选举权
1867年选举法	城市小市民、劳动者也拥有了选举权
1884年选举法	农民、矿工也拥有了选举权
1918年选举法	凡21岁以上的男性和30岁以上的妇女均拥有选举权
1928年选举法	凡20岁以上的所有成年男女均拥有选举权

第3章 自由与权力的关系

自由与权力的矛盾并不是一夜之间突然产生的。
自由
这个问题伴随着人类社会的发展一直存在。
但是随着人类文明的发展与进步，
这个问题带来的影响越来越大。
所以，人们不但不能再对其视而不见，而且必须对它进行深入的研究。
自由与权力的斗争在历史上早已存在。
哇
我们要自由！
嗝~~
给我闭嘴！
但在过去，这种斗争通常发生于臣民与政府之间，
或是某些阶级与政府之间。
说到“臣民”，你们对这个词还比较陌生吧？
好像听说过……
PEOPLE
“臣民”和“人民”的意思近似。
臣民
人民
臣民就是指古代国家和社会中的被统治者。
因为他们受到统治，所以称为“被统治者”。

而“人民”一词是随着平民阶级的参政
和现代国家的确立而产生的。
NATION
Nation，既指“国家”，也指“国民”。
在这里我们还是统一用“人民”这个词吧！
人民
在过去，自由的含义就是“对于统治者暴政的防御”。
至少我是安全的。
当时，人民与统治者的关系是敌对的。
统治者主要是通过世袭或征服而获得权力。
也就是说，他们并不是遵从人民的意愿而获得权力的。
啪
因此，他们完全不需要为人民牟利。
因为我的权力就是我自己的。
权力
身为统治者，行使权力是必要且不可避免的事，
不论什么地方，总得有领导者嘛……
但人们总是担心，统治者不是将自己手中的权力用来抵御外界侵略，
哇，干得漂亮！
轰隆
“便携式权力”展示会
而是用来镇压人民。
都给我听话点！
哇啊

试想一下，如果本国的统治者像对敌人一样折磨自己的人民，
我们本来就活得很辛苦，还要折磨我们？
那人民只能无时无刻不提防着统治者的迫害。
于是人民开始思考，有没有什么方法能更放心地接受统治呢？
有没有办法呢？
唉..
于是，人民想到了对统治者的权力进行设限。
你的权力只能在这个范围之内！
可笑
像这样对权力进行设限的行为就是在争取“自由”。
权
自由
怎么与我们所想的“自由”有点不一样呢？
人们通常用两种方法对权力进行设限。
第一个方法是使统治者承认人民的政治自由，或是承认人民的某些权利是不能侵犯的。
快签名！
人民
权利与自由
哼！等着瞧吧……
如果统治者侵犯了这个属于人民的自由或权利，
啊哈！
啪

就等于是统治者背信弃义。
这个人违反了契约！
哇啦哇啦
这时候，人民的抵抗和反击就被认为是正当的。
第二个方法则需要较长时间才能实现。
那就是从宪法上建立一些制约，比如当国家做出某些重要决定时，
必须取得代表人民利益的团体的同意。
这种团体就是现在所说的议会吧。
当时，欧洲的大部分国家都选择了第一个设限方法。
哈哈哈！这个方法对我更有利嘛！
权力增减计算器
结果
哗啦
但是希望争取更多自由的人民自然以第二个方法为目标。
我们要尽快建立议会制度！
随着社会的不断发展，
人们开始明白，统治者的利益并不一定必然和自身利益相对立。
要不要干脆换掉他呢？
哼

到了今天，人们渐渐把国家高层管理人员当作为自己服务的仆人，
一旦觉得不满意，就把他们换掉。
砰
看一看定期举行的选举你就明白了。
真正的公仆
我将努力成为人民的公仆。
喀喀
不过我还没有投票权呢……嘿嘿。
人们渐渐发现，与其限制统治者的权力，
你们绝对不可以越过这里！
权力
倒不如用选举的方式定期更换统治者。
5年
2年
3年
因为后一种方法效率更高。
权力
随着时代的进步，人们开始思考：
廉洁的政治
绿色政治
区域自治
2 强国
金钱至上
公正选举
我们之前是不是太专注于限制权力了呢……
限制权力原本是人民为抵抗统治者的压迫而采取的手段，
姓名：
权力
但现在人们已经无须担心被压迫。
因为权力属于人民！

现在，统治者必须对人民负责。
积累权力
责任
否则，就会立刻被赶下台。
扑通
责任
在今天这个时代，人民只需要对权力的使用范围和使用方法进行严格的规定，
漫画版
权力说明书
人民
就可以将权力放心地交到统治者手上。
你拿去好好管理吧。
好的。
权力说明书
所以，现在我们认为除非一个政府真的糟糕透顶，
否则在一般情况下，都不应该对政府的权限进行干涉。
全都交给你啦！
这样看来，似乎已经不存在任何问题了。但是……
惊醒
在某种政治力量或哲学理论取得成功之前，人们总是只看到其好的一面。
我们是廉洁的！世人一定会理解我们的！
瑟瑟发抖
而等到真正成功之后，人们才会发现其缺陷和污点。
我们的时代到来啦！
好臭！
大摇大摆
这就好比恋爱中的男女总是觉得对方哪里都好，
亲爱的！
结婚之后才发现事实并非如此。
这个比方对你们来说是不是太难理解啦？
我很清楚豆豆的缺点！
嘿嘿

在那个民主政治还只能是梦想的年代，
民主
民主
人们很自然地认为没有必要对自己管理自己的权力进行限制。
我们要求绝对的自由！冲啊！
人民
但是，随着民主政治的建立，
民主政治
政府的所有行为都成了人们观察和批判的对象。
民主政治
而所谓的“自治政府”“自己行使对自己的权力”等语句并不能完全正确地表述事实的真实状况。
自己
权力
自治
行使
人民
自己
仔细想想这句话是什么意思吧！
好像需要您讲解一下。
就是说，行使权力的人和被该权力所支配的人并不是同一群人。
咦？这是什么意思？
人民
人民
虽然说“自治政府”，
但事实上并不是人民自己管理自己。
而是人民受到除自己以外的其他人管治的政治体制。
自治
“人民意志”也并非每个人自己的意志，
我想吃五花肉……
而是人民中所占比例最多的“多数派”的意志。
五花肉吃了会胖！

这样仔细一想，问题就来了。
拥有权力的人们
自然会产生压迫某些个体的欲望。
要不要把这家伙抓起来？
因此，对政府行使权力实施监管的重要性丝毫没有降低。
差点我就没命了……
“多数人暴政”如果不引起全社会的警惕，就会导致严重的后果。
WANTED
多数人暴政
WANTED
多数人暴政
WANTE
JIN
密尔认为，这种“多数人暴政”比政治压迫更可怕。
The tyranny of the majority
虽然它不像政治压迫那样伴随着残酷刑罚，
我们一切都通过讨论来解决。
但是会渗透进个人生活的各个角落，
考试
GAME
ENTER
最终支配一个人的大脑，使人进入无处可逃的境地。
在这种情况下，维护自由就变成一个更复杂的问题了。
原来不只是统治者的暴政会产生问题啊。
大多数
统治者

因为人们还必须防备着那些“社会普遍认可的观点”，也就是“大多数人的意见”侵犯自己的生活。
大家都吃炸酱面，你也吃炸酱面吧！
不要！我要吃炒面！
因为我是吝啬鬼
好的
好的
好的
好的:::
在“多数人暴政”下，那些与大多数人生活方式不一致的人可能会无法好好生活。
所有人都按照社会认可的标准去要求自己，
社会标准
动作一致
导致所有人都变成了毫无特点的“标准产物”。
密尔认为，
集体意见对个人独立的合法干涉要有一个限度，
不能对个人的独立性造成侵害。
咔
只有对这样的限度进行明确划分，才能保证个人的独立性不受侵犯。
而这种限度的确立，对人类生活来说是非常重要的事。
虽然我们很难反驳密尔的主张，
我的话句句都很在理吧？
但是在解决实际问题的时候，
这个限度究竟应该设到什么程度呢？
沉默

个人的独立性与社会的统一性究竟应该在哪里分界呢？
呃……这还真是个难题呢！
要解决的问题还真不是一两个呢。
真的不是一两个哟……
人们通过法律设定了普遍适用的行为规范。
法律是最权威的！
法
法
而在法律难以管辖的领域，
法律条文
嗯……
舆论就自然成了一种规范。
可是真正普遍适用的行为规范究竟是什么呢？这是人类生活的一个根本问题。
规范
而要找到这个问题的答案，几乎是不可能的事。
因为规范总是随着时代的变化而变化的……
每个人的答案都不同，又怎么会只有一个正确答案呢？
而且，在不同的社会中规范也完全不同。
死刑！
罚金！
不仅如此，某个时代或某个国家按当时的规范所做的决定，
造一个游泳池来玩吧！

可能会让另一个时代或另一个国家的人跌破眼镜。
天哪！你怎么可以穿这样的衣服！
但是在做出决定的那个时代、那个国家的人看来，
所有的人自古以来和自己想得都是一样的。
那个国家的人穿什么样的游泳衣呢？
他们甚至认为自己的想法是完全正确的。
事实上，大部分人都把自己设立的规则当成是理所应当的，
其他国家的人不也穿泳装吗？
那家伙敢穿泳装！
并认为其他人也会自然而然地赞成。
伤风败俗
我永远是对的。
呵呵
可要制定一个“普遍适用”的行为规范，
真的会受到多方面因素的影响。
为什么只有我的是不好的？
喜好
偏见
社会性
好感
反感
羡慕
嫉妒
骄傲
自满
有时候，欲望或焦虑也会成为决定因素之一。
这说明了什么呢？
这个嘛……
一个社会的行为规范或道德标准有时候并不是理性的产物。
我是天才

而是由实质上推动社会进步的优势阶级所制定的。
优势阶级
在这样的规范下，人们一方面害怕因违法而遭到惩罚，
另一方面也必须服从于舆论的压迫。
服从
但是这样的行为规范、伦理道德就真的是正确的吗？
我们永远是对的。
行为规范
伦理
道德
规范
不少事例都已经证明，并非如此。
其中最明显的例子就是宗教信念。那些宗教信念强烈的人
伟大的主啊……
会将因宗教主张不同而产生的憎恶视为制定道德规范的标准之一。
将这个异教徒处以火刑！
即便是那些脱离天主教的人
一开始也不肯承认宗教的多样性。
宗教只能有一个！
于是，随着各教会和教派间的矛盾激化加深，

两败俱伤的局面越来越多。
那些注定无法成为多数派的少数派一方，只能要求承认宗教的多样性。
认同
因为只有这样，他们自己的存在才能获得认可。
那是我们的！
正是通过这样的斗争，
人们才逐渐确立了“社会不能侵犯个人权利”这个重要概念。
个人
权利
个人
到了今天，社会已经不能对在法律范围内持不同意见的人进行随意干涉。
我反对！
……
那些宣扬宗教自由的思想家们曾经说过，
良心的自由是一个人绝对不可受到侵犯的权利。
此外，一个人对于宗教信仰

也应该享有绝对的自由。
但密尔认为，
宗教自由并不是那么简单。
因为人类在面对那些与自己珍视的事物相悖的事物时，
总是很难保持一颗宽容的心。
所以，实际上真正享有宗教自由的人
我想信什么就信什么！
并不是很多。
即便是在那些宽容度很高的地方，
我们爱宽容……
人们也是在一定的限度下履行所谓的“宽容的义务”。
比如，教会可能会容忍那些对教会管理
我认为教会停车场应该向市民开放……
嘿嘿
有不同意见的人。
没问题，这个我们可以接受。
我是很宽容的
但如果谁对教义本身提出反对，
我认为“三位一体”与《圣经》无关！

你竟敢违抗主的旨意！快去死！
教会就会立刻采取强硬的立场。
伟大的主啊！
Bible
再比如，教会可能会施舍穷人。
感谢主……
但一旦发现对方不相信上帝或天国的存在，
我不信上帝！
快给我一个馒头吧。
就会立刻掉头就走。
爱心馒头
太过分了，我才不要你们的施舍！肚子饿……
咕噜噜
越是信仰纯粹的人，
我只相信主……
越是信仰强烈的群体，
其宽容度就越小。
我们开着门呢。
他们很难认同那些持有不同信仰的人。
下面我们去聊聊“政府干涉”的话题吧！

托克维尔的观点

托克维尔是19世纪法国的政治思想家。他到美国访问了9个月之后，写下了著名的《论美国的民主》一书，他在书中第一次提出了“多数人暴政”这个概念。

在托克维尔生活的那个时代，欧洲尚处于法国大革命的余波之中，人们对自由平等、民主政治充满热情，托克维尔本人也不例外。他在《论美国的民主》中指出，民主政治的根本在于人们对身份平等的渴望。他认为，在民主社会中人们虽然同时追求“自由”和“平等”，但普遍把平等看得更为重要，甚至为了追求平等而放弃自由。他分析，自由较难争取且益处不明显，而平等的好处总是立竿见影，所以人们更喜欢平等。

托克维尔认为，在民主社会中，人们可能更关心自己，这可能导致个人主义，个人对社会的关心可能会变得更少。随着个人主义思想的不断渗透，人们的生活变得越来越相互隔绝，原本存在于人与人之间的纽带关系也日益模糊。在这样的社会环境下，多数人所形成的舆论比个体的不同意见更具威力。

因此，人们开始选择服从大多数人的意见，从中获得安全感，逃避自己的社会责任。

托克维尔认为，人们倾向于为追求平等而放弃自由

与托克维尔同时代的密尔对托克维尔的见解表示肯定。他认为，在民主政治发达的社会，多数人所行使的社会权力会对个体的自由造成极大威胁。因此，为保证个体的自律性和独立个性，必须使人们从社会的压力中解脱出来。在民主社会中，“多数人暴政”可能以行使公民权利的形式出现，也可能以社会风俗、舆论压力的形式侵犯个体自由。

事实表明，大多数人的意见并不是次次都会带来好结果。当错误、荒唐的想法因属于大多数人而受到支持，正确、合理的想法却因属于少数人而遭到排斥，民主政治就沦为了“大众政治”。如果大多数人无法对某件事产生合理的判断，那么此种情况下就极有可能演变成“多数人暴政”。

第4章 自由的适当领域

MILK
ZZZZ
自由

那么，有没有什么办法
政府
可以判断政府的干涉是否正确?
政府
很遗憾，这样的办法并不存在。
政府
砰

因为一方面有些人认为政府干涉可以带来好的结果，
所以支持这种行为。
可恶的小偷，政府一定要出面抓住他……一定啊……
瑟瑟发抖
另一方面也有些人认为政府干涉会使个人失去除恶的权利。
我要是有把枪就好了！
别拦我，我要和小偷干一架！

每个人的处境不同，所以对政府干涉所持的态度也不同。
这种态度可能会受个人感情和心情因素的影响，
也会因政府干涉带来的益处大小而改变。
这个……
不仅如此，人们对于政府进行干涉时所采取的方式
也有不同的意见。
如果政府不按规章制度办事……
自然会导致“公说公有理，婆说婆有理”的局面。
因为政府有时候是对的，有时候也可能是错的。
政府
在这种情况下，不论对政府干涉表示支持或反对，都有可能是错误的。
在第1章我们已经提过，关于“自由”有一个十分简单的规则。
规则
通过这个规则，人们就能把社会对个人的干涉控制在明确的范围之内。
控制
自由
这个规则就是……

在人类社会中，我们只能在两种情况下行使“限制他人行动自由”的权利，
一是在“自我保护”的时候。
啪
二是在防止他人受到伤害的时候。
除了这两种情况，
在文明社会中，以其他任何理由侵犯社会成员的自由都是不正当的。
那如果是为了某个人好而采取干涉呢？
你一看就是当将军的料！
这种干涉难道不好吗？这个人可能会因此而飞黄腾达呢！
这样的干涉我也坚决反对！
我们绝不能在一个人不愿意的情况下强迫或禁止他做任何事！

也就是说，善意的强迫也是不允许的。
如果我们真的想为别人好，也只能采取劝说、说服，
早上给你们吃4个，晚上吃3个，怎么样？
或者是恳求的方式。
薯条
换句话说，
社会只能在某个人对其他人产生危害的情况下才能出面干涉。
如果某一行为只对当事人自己产生影响，
吃东西就是只会对当事人自己产生影响的事……
那么社会就不能干涉。
因为每个人都是自己身体和精神的主人。
我的身体我做主！
谁都别想干涉我！
你已经对其他人产生影响啦！
打嗝
垃圾桶
对了……你们两个多大了？
您怎么突然问我们年龄呢？
又想说我们是未成年人没资格吗？
你们还是认真听课了嘛！没错，我要说的就是这个！
晕

上述关于自由的原则只适用于心智成熟的成年人，
嗨
嗨
那些尚需要受他人保护的人，
匹诺曹。
到。
是无法为自己的行为承担相应后果的。
杰皮特工作坊
不要半夜到处乱跑，小心闯祸。
我不同意！
哈哈哈，不服的话你可以找出理由和根据说服我呀！
此外，密尔认为处于未开化的人也可以受到社会的干涉。
干吗？
保护
因为他们在精神上也属于未成年人。
我儿子都有好几个了，怎么是未成年人！
为了开化他们
请穿这个吧，原始人。
NICE
这是什么！
而采取的行动，
你不穿，我们就强迫你穿！
我要穿我们的传统服饰！
唰
即便被视作“独裁”，也可能不失为正当行为。
NICE
我不乐意……我喜欢穿我自己的衣服……呜呜！
怎么可以这样呢？！
这种想法太偏激了吧？
怎么样？

如果某些不怀好意的人
我们的民族要重新站起来！
以“开化”的名义将独裁统治伪装成“正当的行为”，可怎么办呢？
轰隆隆隆
且不论“未开化社会”的界定是否合理，
那不过是西方人对我们的偏见罢了。
那个社会中的成年人肯定会很反感外界的“独裁”！
难道因为我们的社会没有工业化，就一定是邪恶的吗？
我们的生活才更幸福呢。
下面我们来聊聊自由的限制问题吧！
什么情况下自由会受限制呢？
密尔认为，判断一切道德问题的基准在于“效用”二字。
这里的“效用”是指可以对人类产生长久利益。
密尔认为，为了获得这种长久利益，
人们可以对一个人影响他人利益的行为进行限制。
限制行为
也就是说，一个人可能会在某些情况下被强制要求负责。

第一，如果一个人做出伤害别人的行为，
就必须受到法律的惩罚或舆论的谴责。
舆论
第二，一个人可能会为了其他人的幸福
幸
福
而完成某些强制性任务。
强制性？
比如，法庭上的证人必须讲真话，
我以良心和性命担保，下面所说的话完全属实，如有谎言我愿接受伪证罪处罚。
证人席位
军人必须履行保家卫国的职责。
好帅啊
LOVE
忠诚！
一切为了胜
严禁吸烟
又比如，我们必须救死扶伤，
保护弱小。
密尔认为，如果有人拒绝做这些应该做的事情，
社会就有责任强迫他们履行义务。

另外，如果有人因为没有做出某种行为
我过一会儿再来收拾。
施工中
而给别人造成伤害，
施工中
扑通
也必须承担相应的责任。
你为什么不把砖头移开？！
但在这种情况下，必须要慎重地追究责任。
我放了警告标示在那儿啊，而且那里也不是玩轮滑的地方啊！
行动需要慎重，判断更要慎重……
那个人必须承担责任没错，
00:01:24
施工中
但必须要谨慎地判断他应该承担责任的大小。
否则，人们需要负责的事情就太多太多了！
总而言之，每个人都必须对自己的行为负责，并为自己的行为所影响到的人负责。
有时候，社会也是应当承担责任的。
责任
但在某些情况下，人们也可以不必承担责任。
那是什么情况呢？

那就是社会虽然有权干涉，但个人在没有干涉的情况下可以做得更好，
或是社会干涉反而会导致危害的情况。
总之，我们应该充分考虑事情的实际状况，做出最有利的决定。
幼儿园
在不必考虑社会责任的情况下，我们就必须遵照自己的良心，
尽可能保护他人的利益不受侵害。
但如果某种行为只对我们本人产生影响，那社会就绝对无权干预。
别拦着我。
还有比我更淘气的人啊……
淘气王
这里提到的“仅对本人的影响”，
本人
=自己
是指某种行为所产生的
最初
直接
“最初的、直接的影响”。
本人
最初的？
什么意思啊？
因为严格意义上来说，所有对个人产生影响的行为，
我几天没有上厕所了……
噗噗噗
最初影响

也会间接对他人产生影响。
今天白天地铁站的毒气导致……
地铁毒气
可以说，世界上任何一件事归根结底都会对他人产生影响。
学习过上面的内容之后，我们来了解一下人类永远无法被剥夺的三种自由。
第一是内在意识层面的自由。
自由
这种自由包括了关于科学、道德、宗教等所有领域的情操与主张自由，
从广义上来说，就是良心自由、思想自由和情感自由。
道德
思想
科学
神学
情感
同时，也包括了坚持己见的自由。
但是如果要将自己的意见以文字形式出版，情况就有些不一样了。
出版有什么不一样的呢？
浩明的秘密日记

有人认为，出版物会对他人产生影响，所以应该受到限制。
作者签名会
毕竟很多人会读我的作品嘛……
作者签名会
收银台
我才不买！
经济
LOVE
不过密尔认为，出版自由和思想自由同样重要，
因为文字就是作者思想的表达嘛。
思想
思想
两者密不可分，因此出版自由必须受到同等的保护。
第二是享受个人爱好和追求个人梦想的自由。
cafe
每个人都可以点自己喜欢的东西！
也就是说，每个人都有权按自己的方式规划人生、进行生活。
一个人的行为只要不对别人造成伤害，
那么就算在别人眼中是愚蠢或错误的，
都不应该被干涉。
所以你不要干涉我。
你的恐怖歌声已经对我造成伤害了好不好！
洋洋得意

第三是结社自由。
结社？
是这样吗？
不是这样的！
反对结社！
所谓结社，就是人们为了某一目的自愿联合在一起。
防止地球变暖协会
请大家穿上队服吧！
保护地球吧
保护
只要不是以伤害他人或以强制诱拐形式进行结社，
所有成年人都应该享有自由加入任何组织的权利。
插花协会
大力士协会
降落伞爱好者协会
密尔认为，不管一个政府的形态如何，
都必须以尊重这三种自由为原则，
否则就绝对不能算是一个“自由社会”。
总之，在所有自由中最珍贵、最重要的一种自由就是
每个人在不剥夺他人自由，
不妨碍他人追求自由的情况下，

都应该有按照个人意愿去生活的自由。
我的人生农场
因为我们的肉体、灵魂、健康的最高责任人就是我们自己。
虽然，按照自己的方式去生活可能会失误
并因此而承受痛苦，
看我活得多舒服啊！
但即便如此，一个人只要坚持走自己选择的路，
不按照别人的思路去勉强自己，
最终就一定会活出精彩人生。
这才是人类的生活方式呀。
第一位女性
sports
征服第七大陆
虽然密尔的主张并不新鲜，
我们也说过这样的话！
别自以为是啦！
但的确为解决当时的社会问题
舆论
提供了一种正确、有效的理论依据。
冲吧！朝着你们想去的地方！
舆论

密尔看到，在当时他所处的社会环境下，人们全都被迫按照一定的标准去生活。
标准
而这种标准是由社会成员中的多数人制定的，
多数人
他们强迫社会中的每一个人都按这种标准去生活，
而他们强迫别人的武器就是“舆论”。
舆论
随着政治团体的规模不断扩大，
世俗权威与宗教权威渐渐分离，
政
教
法律对个人私生活的限制也越来越少，
个人
但如果有人试图从社会的大潮中逃脱，
就会受到比从前更严厉的道德批判。
而各种逃脱行为，特别是那些私人行为，
现在自由多了嘛。
比起造成社会影响的行为，反而会受到更严厉的批判。
可是我真的……
舆论
道德

目前，在世界的各个地方，人们越来越倾向于通过舆论或法律来
舆论
限制个人的自由。
不论领导者还是普通人，人们通常有一个共同的倾向，
那就是喜欢将自己的想法或喜好视为一种行为规范，并强加给别人。
喝饮料必须喝咖啡！
我喝这个，所以你们也必须喝这个。
可是我想喝橘子水啊。
密尔看到，当时世界上存在着一种越来越强烈的倾向，
社会凌驾于个人的权力被不适当地强化了。
如果不进行变革，事态就会进一步恶化。
难道没有什么解决办法吗？
要想解决这个问题，首先应该展开一场关于“思想自由”的讨论。
思想自由
因为集中讨论一个话题，
比同时讨论多个话题要好。
在制度宽松、宗教自由的国家，

人们的思想自由得到了相当程度的保障。
但是普通人对这种自由的哲学性、实践性原理并不熟悉。
实践性是什么玩意啊……
我还要忙着吃饭生活呢！
甚至连统治阶层的人也对此一知半解。
为什么需要思想的自由？嗯……我也不知道。
但是只有正确理解了思想自由的原理，
原理
才能享受到更宽广的自由。
只有好好学习了这部分内容，
才能更轻松地理解接下来的内容。
我怎么觉得不可能轻松呢！
我说轻松就轻松啦！
那我们现在就正式开始讲吧！
思想自由
对了，人们也经常把思想自由称为“想法自由”，这个你们能明白吧？
想法自由
那么……
“错觉自由”是不是也是同一个意思呀？
砰

良心的自由

“良心自由”是一种最基本的自由权。历史上一些国家曾强迫人们信仰某种宗教，因而引发了人们对良心自由的思考。

良心自由这一概念一开始与宗教自由有很大关联。当时，人们在国家的强制下被迫接受某种宗教，于是为了争取宗教信仰和宗教仪式的自由而提出“良心自由”的概念。

后来，那些国家放弃了对宗教信仰的控制权。于是，良心自由从宗教自由变为了一种受到普遍认可的基本自由权。与此同时，良心自由的保护范围也从宗教信仰扩展到了世俗良心。进入现代社会后，狭义上的良心自由不再含有宗教意义，而是指伦理、信念等内在思想的自由。

以韩国为例。《韩国宪法》第十九条就规定：“所有国民都享有良心的自由。”在这里“良心自由”与“思想自由”是同一概念。另外，《韩国宪法》中对宗教自由有另外的规定，所以这里的良心自由是狭义上的，即伦理、思想等内心自由。

那么从理论上来说，什么是良心自由呢？首先，是指旁人不得强迫一个人表达自己的内心想法。即旁人不可以通过直接性、强制性的方式侵犯一个人的“沉默自由”，也不能通过“强迫宣誓”等间接方式“绑架”一个人的思想和良心。

其次，旁人不得强迫一个人做出违反自己思想、良心的行为。最典型的例子莫过于德国宪法中的规定了。这条规定是：联邦内居民享有完全之信教自由和良心自由。也就是说，良心自由是任何一个自然人都应该享受的权利，不论本国人还是外国人，良心自由都应该得到保障。

关于良心自由的界限，学者们观点不一。有人认为，良心自由虽然只存在于内心领域，但也应有一定的界限。也有人认为，良心自由是一种内心的绝对自由。还有人认为，即便有人将良心自由表现于外部，只要这种表现是以表达思想或良心为目的，就应该是自由的。

第5章 为什么说“绝对正确”是危险的

前面我们已经提到，大多数人强迫一个持有不同意见的人保持沉默，与某个人
我是全宇宙最强大的人。
强迫和自己意见不同的大多数人保持沉默一样，都不能算作正当行为。
闭嘴！
啪
不许说话！
啪
啪啪啪啪
安静！
太过分了吧
之所以说，压制某种思想
会导致严重的问题，是因为
这种行为不仅影响了当代人，更是对后代的掠夺。
2089
未来人
什么？压制思想是一种掠夺？
因为如果某种思想是正确的，
还不快闭嘴！
地球是圆的，绕着太阳旋转。
那么压制它就等于掠夺了人们追寻真理的机会。
如果那时候教皇认可了伽利略的主张，会怎么样呢？
地动说

就算某种意见真的是错误的，也不应该被抹杀。
细胞中包含了人类形成的真理！
人类的诞生
哇……
因为人们通过“正确”与“错误”的对比，
才不是呢，是遗传基因决定了人类的形成。
哇……
DNA
科学大奖是我的！
可以更深刻地理解真理。对错误意见的抹杀无异于使人们失去了以错误换真理的机会。
叮咚
我们有必要对这两个层面进行逐一分析。
首先，假设现在我们想压制某种思想，
禁
反对！
碎纸机
那么，我们如何确信这种思想一定是错误的呢？
这个……
禁
就算我们真的完全相信这种思想的错误性，
绝对错误！
消灭它！
压制它依旧是不正确的行为。
错误！
理由是，即便动用权力对某种思想进行镇压，
依旧无法抹杀这种思想是“正确的可能性”。
真理
自然，践踏这种思想的人绝对不会承认这一点。
不可能，绝不可能是正确的！
但是人类并非是完美的。
人总是会犯错的。

人们没有权力代表其他人做决定，
也没有权力剥夺其他人自行判断的机会。
哼！
我们不是这么想的！
他们之所以仅仅因为自己认为某种意见是错误的，
这是错误的！
唰
就剥夺其他人听到这种意见的机会，
是因为他们认为“自己是绝对正确的。”
一个人一旦认为“自己完全正确”，
我是超人……
就会拒绝听取一切意见。
这么多嘴，我听谁的啊……
事实上，人们经常陷入“自己完全正确”的错觉，
我明明是对的，你们都是错的！
无法采纳别人的不同意见。
我是正确的！
这就导致了人类在解决实际问题的过程中，
很难认真考虑“自己的判断可能会错误”这一点。
我的判断是正确的！

尤其是那些习惯绝对服从于强大权威的人，
嘿嘿，真舒服！
更容易陷入“认为自己绝对正确”的错误中。
我们永远是对的！
有些人还是能意识到自己的错误。
哈哈哈！我也会错嘛。
但这些人对周围人或自己尊敬的人所持有的想法依然抱着绝对的深信不疑的态度。
但是那边那些人的想法绝对是正确的！
一个人越是对自己的想法没有自信，
空
就越容易对自己所属集团的权威性
表现出盲目的信任。
甚至当这样的人发现其他时代、国家、团体、教会、阶级、政党的人完全持有与自己不同的想法，
真主阿拉！
民主制！
并仍在继续坚持不同的想法时，他们也不会对自己的判断有所动摇。
那和我们有什么关系？

密尔认为，这些人将证明自己正确的任务交给了自己所属的集团。
责任
个人会犯这种错误，时代也可能会犯这种错误。
比如，一个时代所坚持的理念
地球是平的！
可能会被后世的人认为是荒谬的。
哦，地球当然是圆的啊。
麦哲伦
如同过去被普遍认可的想法现在不断被推翻一样，
鬼神
地心说
魔女
我们现在普遍认可的观念也可能被后世的人否定。
2089未来人
所以，我们即便看到完全违反常理的行为，
神怎么会只穿内裤啊？！
也不能抱着“自己绝对正确”的态度进行否定。
因为这很可能使我们犯下致命的错误。
如果一个时代的人共同犯下这样致命的错误，

就会对后世的人带来巨大危害。
在历史上，我们可以看到很多这样的例子。
即便是对于那些备受后世尊敬的伟大人物，
他们也曾犯下毁灭真理的错误。
让我们来看几个具体的事例吧！
首先要说的是苏格拉底！
苏格拉底
（公元前469—公元前399）
苏格拉底曾经被自己的祖国和大众舆论所攻击。
谁是苏格拉底呀？
他是公元前5世纪的古希腊著名哲学家。
恶法也是法
当时的人们认为他是最优秀的道德楷模。
呵呵呵
苏格拉底可以说是哲学领域的始祖级人物。
他被称为世界三大圣人之一。
苏格拉底
柏拉图
亚里士多德
小狗圣人

他既是所有知识分子的偶像，也是两大哲学巨人柏拉图和亚里士多德的老师。
苏格拉底一生并没有留下著作，但柏拉图记录下了苏格拉底的言论。
对话篇
斐多篇
克力同篇
申辩篇
虽然他早已离开人世，却留下了永垂不朽的伟大功绩。
雅典的所有名人加起来也没有他一个人的影响力大。
但是当时的雅典人却把他抓到法庭上进行审判，
苏格拉底应该喝下毒酒！
并以“大不敬”和“不道德”的罪名将他处死。
苏格拉底犯下许多恶行，诱使年轻人堕落……
之所以说他“大不敬”，是因为他否认了雅典公认的神灵。
控诉他的人甚至认为，他没有宗教信仰也是一种罪。
苏格拉底是坚定不移的无神论者。
安尼托
吕康
梅勒托

控诉他的人还认为，苏格拉底通过他的哲学课和讲座
“诱使年轻人堕落”。
不道德
当时，法庭在进行公开审判之后，
做出了苏格拉底有罪的判决。
现宣判索夫龙尼斯库斯的儿子、雅典市民苏格拉底……
就这样，地球上最伟大的人物之一苏格拉底被判处死刑。
各位雅典公民！你们即将因为杀害苏格拉底而被万世所批判……
在宣判苏格拉底有罪的人看来，苏格拉底必然是有罪的，
陪审团做出的最终判决如下……
而他们自己必然是正确的。
让我们走各自的路吧！我为死而向前，你们为生而向前！
历史上还有另外一桩以法律为名犯下的错误。
LAW
这件事也非常震撼，可以说比刚才的事件有过之而无不及。
是有多震撼呀？
足以让各各他山为之动摇。
各各他？
New Testment

那就是耶稣被钉在十字架上死去的事件。

凡是知道耶稣生平和了解他言论的人都对他尊敬有加。
他是一位伟大的道德领袖。

即便在今天，他的光辉依旧照耀着我们。

但是这样一位伟大人物却被屈辱地钉死在十字架上。

他究竟犯下了什么罪呢？
是因为他喂饱了5000人？
还是因为他关爱贫苦人民？

想不到吧？他竟然是以“亵渎神灵”罪被判决。
我听到他说了侮辱神灵的话，我就是证人！

每当想起这些令人扼腕叹息的人，
就不得不想起那些将其置于死地的人们。
在当时，这些人绝不是恶人。
我们只不过是凭着道德和良心做出判决……
我们不过是顺从民意。
我也是啊！
虽然今天我们不免对他们严加批判，
打死你们！
但如果我们也生活在那个时代，
你来试试！
砰
说不定也会做出和他们一样的决定。
喀喀！
哈哈哈
判处死刑！
更让我们感到难以接受的是，这些犯下错误的人本身可能也是德高望重的伟大人物。

最典型的例子莫过于罗马帝国的马可·奥勒留皇帝。
我是罗马帝国第16任皇帝。
ROME Marcus Aurelius
他不仅拥有最高执法权，更被认为是最有智慧的人。
BEST SELLER
沉思录
你们知道吧？我就是畅销书《沉思录》的作者。
沉思录
沉思录
Tōn eis heauton diblia
他不但拥有至高无上的权力，也充满正义感，生性善良。
可以说他的缺点就是过于宽容，甚至时常因此而犯下一些小错。
呵
呵
呵
他所著的《沉思录》被认为是古典逻辑学著述的巅峰之作，
Tōn eis heauton diblia
Marcus Aurelius
其中很多内容与耶稣的教诲相似。
而且，马可·奥勒留是历任罗马皇帝中最信奉基督教的。
他心胸开阔，海纳百川，人品高尚。
GERMAN Quest
日耳曼族战略战术分析
他的作品中充满基督教思想。
但就是这样一个人，却迫害基督教徒。
啊！怎么可能呢？
当时，他认为社会处于不稳定的状态，
没办法，为了阻止社会崩溃……

而基督教徒则煽动了社会变革。
新的世界即将到来！
因此，他只能选择镇压基督教。
他在认真履行统治者职责的过程中，
基督教是社会毒瘤！
没有意识到基督教其实会带来积极的作用。
他原本是统治者中最宽容温厚的一位，
却在一种庄严的义务感之下，下令迫害基督教徒。
我也是迫不得已才做出这样的决定啊。
密尔认为，马可·奥勒留发起的基督教镇压是人类历史上最悲惨的事件之一。
所以，如果你没有马可·奥勒留那么英明智慧，没有他那样执着追求真理的精神，
就应该果断抛弃“自己和大众不可能错”的想法。
请果断抛弃“绝对正确”的想法！
唰
但是也有人这么认为：
基督教迫害者们没有错！

因为真理必须经得起迫害的考验。
只有真理才能在遭遇迫害后坚强挺立。
迫害使真理更加璀璨！
上帝保佑
这种观点认为，任何迫害都无法伤害真理，
真理永远属于胜利者！
鼓掌～
鼓掌
所以对真理的迫害也可以是正当的行为。
虽然不能说持有这样观点的人是在故意迫害、扼杀真理，
但至少可以看出他们对发现真理的人并不宽容。
发现真理本来就是艰难的！
加油吧！
发现从未被认识的真理，
纠正过去错误的观念，
原本是一种极伟大的奉献行为，
但那些坚持“迫害有理”的人
真理当然不能这么轻松找到！
却认为这些具有奉献精神的伟人非但不应该被表扬，甚至还应该遭到批判和折磨。

他们打着“真理可以战胜迫害”的旗号，将对真理的迫害“正当化”。
如果不能战胜迫害，还算什么真理！
哈哈哈哈哈哈哈
不帮忙就算了，竟然还……
密尔认为，真理并不一定总能战胜迫害，历史上迫害行为压制真理的事例很多。
让我们看看历史上那些被迫害的真理吧。
真
真理的坟墓
它们即便没有被彻底磨灭，至少在几个世纪里一直被埋没着。
比如著名的日心说（地动说）。
地球是运动的！
跑呀跑
当时人们认为宇宙围绕地球而运动。
古时人们认为，地球是宇宙的中心，世界上一切事物的诞生都是神的旨意。
因此认为，日心说就是对上帝的不信任，应该受到惩处。
异端去死！
日心说
第一位提出日心说的科学家哥白尼，直到去世后其著作才得以出版。
我的书是死后才出版的。
哥白尼
看不清
后来，布鲁诺因为支持日心说而被处以火刑，伽利略也被宗教法庭判处以终身监禁。
虽然日心说最终熬过了种种迫害，但却被埋没了很长时间。
日心说

那种以为凡是“真理”
就一定拥有强大力量，可以战胜一切迫害的观点，
啊
啊
啊
是盲目乐观而毫无根据的。
如果人们对真理的热情不够强烈，
真理是什么？不感兴趣！
救救我！
真理就可能因为某种强大的社会性制裁而被掩埋。
但密尔也指出，真理有一个最大的优势，
那就是不管遭遇多少次迫害，
真理总能被重新发现，并最终绽放光彩。
当没有迫害的好时代到来，
飞船
当真理积蓄了足以抵御迫害的力量，它就会复活。

马可·奥勒留的《沉思录》

马可·奥勒留既是罗马帝国的第16位皇帝，也是著名斯多葛学派哲学家。他于公元121年出生于首都罗马。当时，罗马帝国在哈德良皇帝的统治下一片繁荣昌盛。但到了马可·奥勒留继位的时候，帝国已经由盛转衰，陷入与周边大小国家苦战的艰难境地。于是，奥勒留不得不长期征战于沙场。

在一次从北方边境御敌归来的途中，奥勒留不幸感染急病，并在患病6天后的公元180年3月17日死于远离罗马的荒野地区。《沉思录》这本书是他在四处抵抗侵略时于军营和战场上所写。这本书的原名是《给自己的训诫书》，因为他在写的时候并没有想过给别人看，只是用来训诫自己而已。

《沉思录》共分为12卷。第一卷讲述了家人等对自己有很大影响的人物的故事，其余则全部阐述了奥勒留自己的哲学观、伦理观。这本书并没有按明确的主题进行章节划分，只不过是按写作顺序分成了12卷。书中内容包括奥勒留为自己所写的人生警言，对自己所作所为的反省，斯多

葛学派式的自我忠告以及对他人经典语言的摘录等。

罗马帝国兴盛期的最后一位皇帝马可·奥勒留

《沉思录》的基本精神是斯多葛主义。斯多葛主义认为，人唯一可以改变的是自己的内心，其他一切事物都是绝对的和必然的。因此，不为外界的人与事物所动摇的心灵状态，即内心的平静才是一个人最大的幸福。每个人都应该发挥自己内心的理性，去体会宇宙理性的深层含义，追求一种既不欣喜、也不悲伤的平和状态。

奥勒留一生都在坚持这样的哲学观念。他在痛失子嗣时，曾经这样劝解自己：

“愚蠢的人会这样问，我怎样才不会失去自己的子嗣呢？但真正应该问的是，我怎样才能战胜失去子嗣的悲痛呢？”

第6章 真理是怎样获得的

如果真的是那样，那我们岂不是完全对自身的利益失去兴趣，也不愿履行自身的义务了吗？
失去兴趣……
未来
“任何人都无法掌握绝对真理，所以不能做任何判断。”
别找了，反正你也不可能找到真理的。
这样理解是错误的！
论自由专题讲座
我们不能因为害怕想法
地球是圆的！
会遭到排斥，
地球是方的！滚开！
就在明明知道真理的情况下，
地球真的是圆的呀！
犹犹豫豫，不敢付诸行动。
只要我好好活着就行了……
地球是方的！
我们不能在明明知道有些观念会给人们带来危害的情况下袖手旁观、任其发展。
这是违背良心的卑劣行为。
那我们应该怎么做呢？
我们应该依照个人或社会的能力，
尽可能选择最佳的行为方式。
最佳

这个世界上没有绝对正确的东西。
不确定
最佳
推测
假设
不确定
部分
模棱两可
错误
假
但是为了让我们的行动更坚定，我们必须先假设自己的想法就是真理。
地球真的是圆的！
同时，我们要进行彻底的考证。
我亲自来证明！
必须相信，我们的思想是行动的真正拐杖。
只有这样，我们才能尽可能做出最正确的判断。
再判断一次
我们有义务竭尽全力、认真谨慎地做出判断。
哗啦
在这里，我想强调一点：
那就是“在经过充分论证之后将看似没有破绽的观点认作真理”
和“拒绝论证就认定真理”
这两者有本质性的区别。
什么是“充分论证”呢？
是说某种观点被彻底地辩证和批判过吗？
正确。如果我们按照某种经过论证而成立的理论去行动，
地球是圆的
只要我一直向前走……

那么行动的合理性将会非常高。
环游世界成功！
麦哲伦
这样，即便是普通人
噜啦啦
也能拥有最大程度的合理性。
哇
1
当我们回顾推动人类发展的各种思想和行动时就会发现，
侵略
纺织
发明
粮食
战争
开发
我们之所以没有在历史的潮流中倒退，
保持！保持！
是因为人类具备知错就改的能力。
那么，是什么让我们能够知错就改呢？
密尔认为，是讨论和经验。
光靠经验是不够的。
1 2 3 4 6 7
要想正确解读经验，就必须进行讨论。
因为错误的想法和行动会在事实和论证面前失去力量。
事实
错误
那么，事实和论证要怎样才能发挥作用呢？
事实

我们先要对事实进行分析，而分析的过程就是论证。
事实
事实几乎从不会主动展现真相，
人们只有对事实进行仔细分析，才会发现其真正的意义。
当一个人认为自己的判断就是真理时，
跟我来！
他是从哪里获得自信的呢？
是从大脑？胸部？还是肚子？
他会认真听取周围人对自己思想与行为的批判，
采取开放的态度，
专心听取反对意见，
叽里呱啦
耐心聆听那些自己不爱听的话，
勇敢承受来自四面八方的批判声，
并从各种声音中汲取有益的内容，反省自己的不足之处。

这样，他就会对自己的判断充满自信。
几乎所有贤明的人都懂得这个道理。
包括我哦..
那么，什么办法可以让我们尽可能地接近真正的真理呢？
真理
办法就是听取所有人的不同意见，
从不同人的角度去分析问题。
例如，在罗马天主教会的
圣人授予仪式上，
必须容许“恶魔申辩”，
并耐心听取“恶魔”的胡言乱语。
收容所
旁观
肮脏
独裁
欺骗
侵吞
借口
因为在天主教会看来，至高无上的“圣人”

即便在聆听胡言乱语时，也应该认真从中寻找可能存在的哪怕一点点合理性。
胡言乱语
如果做不到这一点，就没有资格受到众人的拥戴。
只要讨论的环境足够开放，
人类总能在未来的某一天通过理性获得更高层次的真理。
但在那之前，我们只能先通过讨论
来寻找对现阶段而言最高水准的真理。
这是有可能犯错的人类所能获取的最大确定性，
真理
也是获取真理的唯一途径。
真理
3分球！
但是，人们虽然认可自由讨论的必要性，
却往往拒绝对某些问题进行彻底讨论。
不要这么执着好不好！
那么，为什么一切有疑点的问题都应该进行自由讨论呢？
讨论
是因为人们认识到了自己的想法有可能是错误的。
X？
X？

但在面对某些主张时，人们可能会因为过度自信
这是海水所以不能喝！
而坚定不移地相信其正确性，不带一丝怀疑。
可这旁边就有淡水呀！
那么，人们已经普遍相信的东西还有讨论的必要吗？
「广为人知的真相
密尔认为，越是人们坚信不疑的真理，越应该在全世界范围内进行严格透彻的考证。
想知道海水是不是咸的，得先喝一喝！
啊啊
只有这样，真理才会更加不可动摇。
真的是咸的，哇哇——
瑟瑟发抖
如果不能进行彻底的论证，
人知的真相
严禁讨论
那么这种真理就不能被认为是真正正确的。
都不能摸一下，叫人怎么相信？
另外，即便某种真理通过了论证，没有露出破绽，
「广为人知的真相
也不能认为一定是绝对正确的真理。
哼！现在得意还太早了！
「广为人知的真相
因为这种真理只不过是在目前人们的认知水平下通过了论证。
人类理性要走的路还很长！

也有人认为，某些观念是正确且有重要社会意义的，
重要
所以应该受到保护。
这是可以促进我国发展的新技术！
在这些人看来，如果某种观念非常有利于社会的繁荣，
为了我们的强国梦！
太空
政府就应该花最大的精力去守护它。
太空
什么叫有利于社会繁荣呢？就是说可以为社会带来好处。
我们可以通过它到达冥王星进行探测！
嗡嗡
嗡嗡
但如果真的这么做了，会产生什么问题呢？
有利于
那就可能会导致人们将“是否有用”视为讨论的基准，
这个机器靠什么动力运转？
从而放弃对真理的探究。
你竟敢质疑这么有用的技术！
继而逃避“认为自己绝对正确”所必须承担的责任。
责任
这种观点无异于“坚持自己绝对不会犯错”，
我是完美的！我是世界第一！我永远是对的。
只不过是表现形式不同而已。
新技术可以拯救国家！
哇！
哇！
某个观念是否有用，这本身就是需要讨论的问题。
这也是需要讨论和反驳的。

所以，我们应该为了判断某一观点的“有用性”而进行自由而激烈的讨论。
砰
让我们来彻底验证一下这个问题，好好讨论讨论吧！
讨论会
你竟敢？！
要想了解一个观点是否真的有用，是否真的不会给人类带来危害，
就必须进行讨论，像考证它是否正确一样去考证它是否有用。
假的！
如果，有一个人这么说：
虽然我不认为我的想法就是真理，
米肠真理教
但我们的宗教自有其益处，不会给别人带来危害。
米肠万岁
火腿肠去死
米肠最好吃
那这样的想法就真的合理吗？
您要不要吃吃看？
很好吃的！
真理是有用的，但有用的不一定都是真理。
有用
真理
我们在试图相信某种思想时，
我口渴了
思想
可以不考虑其是否是真理就随便相信吗？
这种东西信不得，你还敢信吗？
与真理背道而驰的思想是绝对不可能有益处的。
说到底，要判断一种思想是否有用，必须先判断它是否是真理。
真理

马丁·路德的宗教改革

简单介绍一下基督教的主要派别。目前全世界基督教主要分为三大派别，分别是天主教、东正教和新教。

天主教是以罗马教皇为最高领导的基督教教会。基督教一开始是由耶稣十二门徒传播开来，正式扎根罗马后开始使用“天主教”这个名称。后来，东罗马天主教会从基督教中分裂，更名为“东正教”，西罗马天主教会则一直沿用了“天主教”的名称。

“新教”是从天主教中分离出来的。马丁·路德是新教的创始人之一。路德认为当时的天主教会腐败堕落，从根本上歪曲了基督的教诲，所以与加尔文等宗教改革领导者一起，发起了倡导“恢复原本的基督与圣经”的宗教改革运动。

在这个过程中，路德一派与罗马教皇决裂，建立了新的教会团体，也就是新教。后来，新教又发展为许多不同的派别。

新教的英文名称是“Protestantism”，含有“抗议”之意。这个名称反映了其反对天主教会对基督精神的歪曲、抗 议教会售卖“赎罪券”等堕落行为的宗旨。

1517年，路德写下《九十五条论纲》，点燃了欧洲16世纪宗教改革的导火索，开启了全新的信仰观念。路德认为，要想从惩罚与罪责中完全解脱，唯

一的办法就是真诚忏悔。他还主张，救赎并非上帝的专利，人只能靠信仰而获益，而信仰的依据只能是《圣经》。他反对天主教的祭司制度，认为所有信徒都可以和上帝直接沟通。在他的领导下，欧洲掀起了宗教革命的浪潮，天主教会体系的根基也因此而动摇。这场宗教外衣下的资产阶级改革运动结束了罗马天主教会对西欧的封建神权统治，并为后来欧洲从封建社会过渡到多元化的现代社会奠定了基础。

马丁·路德

公众意见
第7章
以“民意”为名的专制
什么是“公众意见”或“民意”？
突然问起，我还真不知道怎么说……
就是许多人的共同想法？
你一定听说过民意调查吧？
这里是某某调研公司。
就是调查公众对某个问题的看法。
您喜欢的歌手是……
我喜欢……
以这种方式得出的调查结果就是所谓的“公众意见”。
5873
黄金歌谣节
1625
但公众意见的力量有时候也让人担忧。
既然公众意见是许多人的共同意见，那能有什么错误呢？
密尔认为，今天我们自然不会像古人那样因为主张一个新的观点而被处死。
我的观点我做主！

我们不会再像前人那样将先知们送上刑场，
也不会将异端者赶尽杀绝。
但依然会设立某些限制思想的法令。
呼噜
并按照这些法令实施惩处，
嗷
甚至在有些地方，完全限制思想自由的做法说不定会卷土重来。
自由
1857年在英国的康沃尔，一个男子在巡回裁判庭上受到判决。
他平时并没犯过什么错误，
仅仅因为说了一些诽谤基督教的话，又在自家大门上写了一些这样的文字，就被抓进了监狱。
这件事发生之后不到一个月，在英国老贝利街的中央裁判所，
又有两个人因为坦白自己没有宗教信仰，
我们是无神论者！
而被剥夺了陪审员的资格。
其中一个人还受到法官和律师的严重侮辱。

还有一件事。这次是一个外国人，
他因为不信仰基督教
我们有不同的信仰。
而无法起诉偷东西的人。
这个人偷了我的东西！
你是一个不信基督的外国人，不能起诉！
什么？！
是不是很荒唐？
每个人难道不应该有宗教自由吗？
很遗憾，直到今天这样的事还在发生。
那么，这样的事为什么不断发生呢？
主啊，请唤醒这个无知的人吧！
原来，当时的英国法律中，有一条是“不愿相信主与来生的人
死了就死了呗。
不能在法庭上作证”。
因为人们认为，不信来生、没有宗教信仰的人即便宣誓也是无效的。
你说说看，他们的宣誓为什么就无效呢？
因为觉得他们会撒谎吗？

这条法规意味着，没有宗教信仰的人无法受到法律的保护。
法律
当强盗出现时，如果在场的受害者都没有宗教信仰，
那么即便他们受到攻击，
法庭也不会对强盗加以判刑。
你们的宣誓是无效的。
这种事之所以发生，是因为对历史的无知。
纵观历史我们就会发现，在无神论者中，
有许多学识渊博、道德高尚的人。
而且，这条法规是对法律本身的诋毁。
无异于自废武功。
什么意思啊？
啊
假设有人实际上没有宗教信仰
我相信……
事实上我才不信呢。
却伪装自己有宗教信仰，然后作伪证，会发生什么事呢？
我明明看到这个人偷钱了！
伪证
法庭自然会相信这个人的证词。
现在宣布接受你的证词。

但如果一个有良心的无神论者：
我摸着良心说，这个人没有偷钱！
你是无神论者，我不能相信你！
这样，问题就出现了！
不仅如此，这种法律和支持它的理论
理论
不仅侮辱了无神论者，也侮辱了有宗教信仰的人。
砰
“如果说不信来生的人就必定会说谎，
那么又如何证明相信来生的人一定不会说谎呢？
他们也有可能是因为害怕下地狱才相信的呢？”
诸如此类的侮辱性言论必然会出现。
当然，并不是说以后英国对无神论者的迫害会越来越严重，
但不可否认，英国人内心深处存在这样一个弱点。
一个世纪以来，极其残酷的法律镇压并没有消失，
LAW

在英国的中产阶级中，
只要对那些宽容度不够的人稍加煽动，
他们就会做出实际的迫害举动。
当他们发现自己十分珍视的宗教信仰被某些人所漠视时，
信仰
就会对那些人产生极端的看法。
你竟敢漠视我的神圣信仰！
这种极端的思想和情绪，
是阻碍精神自由的重要因素。
您再举个例子给我们看看吧。
没问题。
19世纪，英国通过东印度公司在印度进行殖民活动。
当时，东印度公司组织了一支由印度兵组成的雇佣军。
所谓雇佣军，就是为赚钱而参加军队的军人。
印度兵拒绝使用当时的新式武器炸药桶，因为听说武器上涂有牛油和猪油，这与他们的宗教信仰相悖。
我才不要用！
这一事件逐渐演变为对英国殖民统治的反抗。
哇啊
英国军队滚开！

最终，英国军队和印度兵在新德里附近的小城市密拉特交战。
今天，我们把这一事件称为“密拉特事件”。
让我们来看看当时的英国人对这件事的态度吧！
这肯定是印度教徒和穆斯林干的！
当时，福音教会的领导者们
拒绝为不教授《圣经》的学校提供资金援助。
我一分钱都不会给！
于是，非基督教徒
穆斯林
无神论者
无法在公共机关就职。
当时一位副国务大臣曾说过这样的话：
宽容是一个国家宗教自由发展的最大功臣。
但“宽容”这个词绝对不可以滥用！
他所理解的“宽容”是仅仅针对基督教徒的。
身为国家高级长官的副国务大臣，

公然宣称不信仰基督教的人
没有获得宽容的资格，
宽容
这种愚蠢的行为竟然可以进行得如此正大光明！
啊
谁又会相信，宗教迫害只是过去的事而再也不会发生呢？！
对啊！
在过去，人们长久以来最害怕的事情之一
就是伴随法律惩罚而来的身败名裂。
这种社会性的侮辱具有十分强大的力量，
导致英国人没有一个敢公开发表禁忌言论。
比起“受到法律的制裁”，人们更害怕“身败名裂”。
对普通人来说，习俗的力量和法律一样强大。
习俗
法律
发表反对习俗或与众不同的看法，

可能会使自己丢掉赖以生存的饭碗。
可以说，对普通人来说，习俗和法律一样可怕。
法律
自然，那些衣食无忧的富人和有权者，
我没必要展示给大众。
可以毫无顾虑地发表自己对任何问题的看法。
我不是这么想的。
虽然他们也会担心别人在背后指责
背叛
变节
没道德
无知
或是看低他们，
背叛
坏人
哼！
但由于不是什么难以承受的事，
所以他们不用像过去的人那样，不敢表达自己的想法。
我信仰真主！
但公众对待他们的态度，却比任何一个时代更苛刻。
虽然大众不会将持有不同意见的人杀掉或是彻底铲除，

但持有不同意见的人还是觉得与其在大众面前表达出自己的真实想法，
还不如把自己伪装起来。
他们甚至觉得在别人面前积极表现自己是十分可怕的事。
然而也有人十分满足于这种状态。
哈哈，很好！
因为他们觉得在这样一个时代，知识分子不用担心遭受迫害，
他们可以默默坚持自己的想法，
想法
这样反倒使知识界更平静。
没有人因为思想不同而坐牢或被处死，
思
想
每个人都可以拥有自己的想法，
思想
思想
思想
思想
也可以自由地表达自己的观点。
皇上的耳朵是驴耳朵！
这种现象从表面上看一点问题都没有，

但事实上，大家会因为害怕被社会大多数孤立
钱
思想算什么玩意
而将自己的真实想法隐藏起来。
思想
密尔认为，这种表面的宁静
是以牺牲整个人类的道德勇气为代价的。
因此，如今我们很难看到无所畏惧的先锋人士
和坚持真理的知识分子。
即便那些追求真理的知识分子有自己的主张，
也只能把这些主张藏在心里。
即便他们内心并不认同某种观点，
愚蠢的异教徒！
也会为了迎合大众而说一些违心话。
真棒！
因为他们只想过自己的小日子。
今天，知识分子不敢再触碰原则的底线，只敢谈论一些可以谈论的话题。
总体而言，大概来说，可能是……

密尔认为，他们不再愿意思考复杂的问题，
斋月结束后打理庭院……
只愿将自己的思想和注意力放在一些细小的问题上。
要在那之前做，才不会错过开花时机。
长此下去，就等于人类放弃了对精神世界的探索，
放弃了对思想自由的追求。
但仍然有人认为，持不同观点者被迫沉默并不是一件坏事。
我们因为害怕公众意见而选择沉默，这有什么错呢？
我们拥有自己的净化能力，这难道不是一种真正的民主吗？
但是如果发生这样的事，
尤其是当异端者提出某些观点时，
让我们来讨论吧！
宗教自由
公平和彻底的讨论就变得不再可能。
营业时间已经结束了。
而阻止这样的讨论以防止异端思想蔓延
并不代表异端思想的消失。

而且，有前途的知识分子开始越来越小心翼翼。
他们害怕被冠上“反宗教”“反道德”的罪名，
反宗教
反道德
只能收起自己独立思想的翅膀。
这样会对我们的社会产生怎样的负面影响呢？
当对“普遍认可的看法”之外的领域进行探索变为一种不可能，
谁才是最大的受害者呢？
当然是受压迫的异端者。
提问环节
论自由
不是！
提问环节
论自由
反而是那些所谓的“非异端者”损失更大。
为什么？
提问环节
论自由
因为这些人害怕被归为异端，
从而导致自己的精神世界全面堕落，
理性也不断萎缩。

密尔认为，作为一个思想家，不论外界环境是何种情况，
轰隆隆
都应该坚持自己的追求。
飞向天空！
身为思想家，就应该跳出个人的苦恼，
啊……真麻烦！
不满足于接受已被证实的观点，
我就要这个！
这就是真相
不惧失败，坚持研究，
又失败了！
通过一次次的失败来促进真理的发展。
真理因为失败而发光。
那么，思想的自由为什么如此重要呢？
是因为伟大的思想家可以通过自由思考而发现真理吗？
当然，原因不止这一个。
还有更重要的哟。
思想自由
即便在思想自由被限制的情况下，仍然有许多伟大思想家诞生。
一百万零二十……
思想自由反而更关乎普通人的精神发展。
为了我们？

因为普通人在自由受限制的
情况下，
会丧失探索知识的可能性。
而这种事在过去发生过，
在未来也会有。
密尔认为，如果一个社会中存在凌驾于是非
之上的巨大原则，
原则
存在一个关于“沉默”的
不成文规定，
人们就会因为舆论的压力而无法
对生活中最重要的问题
宗教
伦理
法律
道德
进行讨论。
什么是
宗教
自由
那么，人类历史上所有灿烂伟大的精神
成果都将不复存在。
所以说，以公众
意见或习俗为武
器的专治是十分
危险的。

民意调查

所谓民意调查，是指针对某个社会现象或话题向广大社会成员发起调查，由此了解人们的态度和看法。根据民意调查的目的、主题、对象、时间、预算的不同，调查方法也不尽相同。比较常见的调查方法有谈话调查、电话调查、邮件调查、网络调查等。

所谓谈话调查，是指直接与应答者见面进行调查。这种方式正确性强、可信度高，但需要耗费大量的人力、物力、财力。所谓电话调查，就是调查员通过电话对应答者提问，优点是需要花费的时间和金钱少，样本选择也比较方便，但也有误差较大的缺点。邮件调查是指直接将调查问卷邮寄给应答者，等应答者填写完成寄回后再进行分析。这种方法的缺陷是调查样本量小、结果可信度也不够高。网络调查是指在网站上发起投票，再分析网友们的投票结果。这种方法适合进行大规模的调查，但由于参与投票的主要是专业人士和年轻人，所以代表性不够，不适合作为最普通人群的民意调查手段。

民意调查的过程

宣扬男女平等的《妇女的屈从地位》

《妇女的屈从地位》于1869年出版，密尔在此书中革命性地提出了“女性应享有和男性同等权利”的主张，被认为是20世纪女性解放运动的理论基础。

在本书的写作过程中，妻子哈莉特·泰勒给了密尔很大帮助。密尔曾表示，本书中最有深度、最精彩的论述全都来源于妻子的构想。但“女性应该在法律、政治、社会、家庭等一切领域和男性享有同等的权利”是密尔本人一直所坚持的。早在结识哈莉特·泰勒以前，他就在心中确立了这个信念。哈莉特·泰勒对密尔一见倾心，也正是因为看中了他这一点。

在这本书中，密尔阐述了男女平等的主张，认为女性解放就是女性追求自由的过程，这与《论自由》所主张的“人人均应享有自由”的观点有许多共通之处。密尔在书中写道：“如果民主制的原则是正确的，我们就应该按照这一原则行事。我们不能因一个人生为白人或黑人、贵族或贫民去判断他的社会地位，亦不能因一个人生为女性而认定其比男性卑微。”他认为，既然男性在法律上没有任何理由被认定从属于任何人，那么女性也同样

如此。

密尔还认为，男性与女性从本质上来说并没有能力强弱之分，只不过因受教育程度和成长环境的不同而产生了差距。对女性的压制一方面阻碍了家庭的正常沟通，从而影响男性的人格成长；另一方面也破坏了社会的公平竞争机制，延缓了社会发展。他强调，女性解放不仅是为了女性，更是为了帮助男性。

密尔与哈莉特·泰勒的女儿海伦·泰勒

密尔认为，要实现男女平等的目标，就要在选举权、被选举权、教育和职业上给予女性等同于男性的机会。他还认为，夫妻双方在法律上的平等，即权利平等和子女抚养权平等是保证婚姻幸福的唯一途径。

第8章
自由讨论的必要性
主题：自由讨论
自由
MILK
现在，我们假设所有之前的公认意见都是正确无误的。
那么，已经被认定为正确的事还有加以讨论的必要吗？
花王
如果认为它们不需要再被讨论，那么会是怎样的结果呢？
花王
禁止通行
POLICE LINE
即便我们已经知道自己的想法是正确的，
我的想法是对的呀！
也需要针对这种想法进行充分的、经常性的、开诚布公的讨论。
哎呀，我不知道！
花王
否则，我们所认定的真理就不是活的真理，而成为死的教条。

有不少人是这样的：他们不知道真理的根据所在，
这是从中国带回来的灵石。
也无法对别人的肤浅批判进行哪怕一点点的抗辩，只知道一味地盲目相信自己认定的真理。
真的是从中国带回来的吗？
我从朋友那儿买来的，肯定是真的。
傻瓜，你被骗啦！
一旦某些权威人士在这种人脑海中植入某种思想，
那么不管好心人再怎么苦口婆心地劝说，他们也只认为好心人是在使坏。
不过，他们的坚持也会在某种情况下动摇。
这是为什么呢？
因为，他们对自己所相信的真理并不是真的理解。
摇
摇
晃
晃
所以，一旦他们加入关于真理的讨论，就会被别人的小小批判轻易打倒。
啷
哐
啷
由此可见，我们应该对那些重要的问题持有自己的见解。
人类的认知能力和判断能力正是在一个又一个“自我见解”中成长起来。
见解
那么，什么方法可以最有效地帮助我们提高认知能力呢？
玩游戏吗？
大家来找茬

密尔认为，最有效的方法就是为自己认为正确的观点寻找根据。
啊哈
日心说
不管一个人相信什么，
地心说
日心说
起码应该对别人提出的“反驳”
我要好好学习它的根据！
好困……
能够进行“有模有样”的辩护。
什么啊？
地心说
日心说
有的人可能会说，如果一个人不懂得为自己所相信的观点进行辩护，那么就由权威人士教他怎么去辩护就行了。
就算我们从来没有为这个观点与别人争论过，
也不代表我们一定只是在鹦鹉学舌呀。
人云亦云
这就好像在学数学的时候，我们不仅要背诵各种定律，
三角之和
也要学习和记住各种证明过程。
三角形内角之和
证明：
对顶角
如果仅仅因为我们没有遇到过对数学原理表示怀疑的人，
谁会怀疑三角形内角之和不是180度呢？
或没有试图去反证这些原理，
这个怎么反证啊？
我怎么知道！
就说我们愚昧无知，那也太没道理了吧？
我们并不愚蠢！
的确，在数学领域用“不究根本”的方式去传授观点是没有问题的。

因为数学真理的性质很特殊，那就是所有的证据都指向同一个方向。
我的力量势不可挡吧？
所以，我们不用去反驳，即便反驳了也不会有收获。
空
但是在一些必然存在思想差异的领域，
怀疑
无神论
进化论
创作
有神论
生命
三位一体
宗教
我们就必须将相反的观点综合起来进行分析判断，才能找到真理。
甚至在自然科学领域，也存在着同一现象有不同解释的情况。
燃素说
热素说
氧化说
比如关于地球与宇宙的关系，就有日心说和地心说两种解释。
请看！太阳从早到晚都在天空中，并没有移动！
在这种情况下，我们就必须去证明为什么另一种观点是错误的而无法成为真理。
从行星的运转可以看出地球也是在不停地转的。
只有当我们深刻理解了这种观点，并成功地证明了它，
日心说
才能算是为我们所坚持的观点找到了依据。
理论
如果是针对宗教、政治、社会关系、生活等问题
道德
宗教
政治

展开讨论，情况就更复杂了。
这时，我们同样必须为自己的观点寻找大量根据。而这些根据中的四分之三
都应该是用来反驳对方观点的。
砰
古罗马的伟大辩论家西塞罗认为，
西塞罗
（公元前106—公元前43）
在争论时“对自我观点了解多少，
不同观点
就要对反对观点了解多少。”
哇啦
假设一个人只了解自己的观点，
我们村流行玩橄榄球！
对反对方的观点一无所知，
什么是足球啊？
在这种情况下，如果他的论据足够充分，
说不定也能驳倒对方。
足球
橄榄球的优点
但如果他无法反驳对方的观点
足球
大众体育活动
——足球
或是对对方的论据缺乏了解，

那么他在这两种观点中所作出的取舍就可以说是毫无根据的。
这时，他最应该做的就是停止判断。
我们村的招牌运动项目
不然，他就只能成为“权威人士的应声虫”或是“随心所欲做决定的人”。
由此可见，只有对反对方的观点进行充分了解，才能很好地维护自己的观点。
对方
我
虽然我很了解你的观点……
但是，当我们集中注意力了解对方观点时，
环境保护
居民健康
建设运动场
也有特别需要注意的地方，
那就是不能只听和自己立场相同的人说话。
他们这些开发商就知道破坏环境。
居民健康
因为这样根本没有作用，
开发？
健康？
自然也无法展开真正的辩论。
因为我根本不了解对方为什么要那样想！
那么这种情况下我们应该怎么做呢？很简单，那就是尝试去认真地考虑对方的观点，
你为什么建运动场呢？
我是为了居民的福祉和健康。
建设居民运动场！
并倾听那些用尽全力支持这一观点的人是怎么说的。
而且，多多举办运动会还可以提高我们村的知名度。

尤其要对他们所强调的、最像样的、
超现代式豪华运动场
哇
最有说服力的部分进行充分的了解。
促进居民健康
然后，从中找出问题所在，
开发
保护
就是对方想要实现目标最需解决的困难。
提高居民收入
提高居民幸福指数
促进居民身体健康
只有这样做，才能获得真正的真理。
如果不对他人的观点进行充分的研究和严格的论证，
就不能算是真正理解了自己的观点。
我可是夸下海口了呀！
怎样才能保护环境呢？
有时候两种看似相互矛盾的观点也可能在某些方面
我是对的！
我才是对的！
包含同样的意思，
?!
?!
这时，如何对两种相互对立的观点
进行判断就变成了一道难题。
环境
开发
环境
开发
环境
开发
开发

那么，正确掌握真理的方法究竟是什么呢？
真理
那就是自由讨论。
200分钟讨论
在讨论中，我们应该认真聆听两种对立的观点，
努力对两种观点的论据进行不偏不倚的客观理解。
偏见
密尔认为，要想揭开道德和人文等领域的真理，
就应该让所有人，包括站在恶魔一边的人
我也要说话。
1辩手
自由发表自己的观点。
也有人认为，自由讨论是不妥当的。
难不成普通人在表达自己的观点前
都得先对哲学家、神学家所赞成或反对的言论进行了解吗？
在他们看来，没什么思想的普通人只需要了解真理背后最主要的依据，
真理
真理
真理
精华液

其他的就全权交给权威人士或专家去解决就可以了。
还有我！
还有我！
交给我吧！
这样，即便他们遇到疑难问题，
空空
也可以放心地把问题交由训练有素的专家们去解决。
空
虽然这样的观点有可取之处，
哼！
关于自由讨论的批判专家学者
也无法削弱自由讨论的必要性。
怎么可能！
因为即便是那些反对自由讨论的人，在遇到某些特定问题时，
第5星球
·机器人的教育费用
·宠物继承权
·火星人条约
·克隆人国籍问题
啊，这个……
也必须对各种批判做出有理有据的回应。
回应
但如果各种批判的声音不能自由地发出，
啪
那又如何进行回应呢？
我不知道……
如果发出批判的人在听到回应后没有权利继续反驳，
我反对这个观点……
闭嘴！
又如何确定他是否对回应感到认同呢？

就算普通人不用参加讨论，
哲学家和神学家们总要对各种观点的核心进行深入研究吧？
而他们的研究也只有在自由的环境中才能尽情展开。
如果环境不自由的话，
就无法进行讨论了。
对于这个棘手的问题，
这个究竟该怎么处理呢？
天主教想出了一个独特的对策。
有了！
那就是让教士们，而且是最虔诚的教士
去和反对派进行辩论。
关于这个问题可以这样解释……
然而这些教士同样需要对反对派的论点进行了解。
那应该怎么做呢？
那就是允许他们阅读异端者所写的禁书！
我以主的名义阅读这本书。

普通的教徒在没有特别允许的情况下
是不能阅读所谓禁书的。
这可是禁书！
天主教虽然承认“充分了解异端思想
可以帮助本教人士传教”，
啊？这个是这样的……
却不愿意让普通教徒使用这个方法。
禁止通行
这样就导致了那些精英人士比普通人
获得了更多发展精神自由、丰富精神世界的机会。
天主教高层就是用这种方法确保了精神上的优越地位。
虽然这种没有自由的宗教文化
并不能给他们带来精神上的真正自由，
但至少可以帮助他们做出相对英明而公正的判断。

当某种观点已经成为公认的事实时，
事实
不进行自由讨论也会产生一些负面影响。
为什么不进行自由讨论呢？
反正已经是公认的事实了嘛。
假如人们只是对这种观点的根据缺乏了解，
我干吗一定要知道根据呢？
那么且不论是否会影响人类的认知发展，至少在道德层面上是没有什么危害的。
无知也是一种福气呀。
但事实并非如此！
无知者无畏嘛。
密尔认为，如果人们对某种既成观点不进行自由讨论，那么就不是单纯地对这个观点的依据缺乏了解，
事实
根据
更是对这个观点本身缺乏了解。
这里究竟是哪儿啊？
事实
这时，人们所掌握的不是鲜明的概念和生动的信仰，
地球自转的证据是……
而是死记硬背下来的几句套话。
地球会转动
地球会转动
地球会转动
地球会转动
地球会转动
这时，这种观点就成了一具空壳，
因为最重要的精华已经被人们弄丢了。
我的蛋黄！
核心
几乎所有伦理观念和宗教信条都遭遇了这样的下场。
伦理
宗教

真理如果被一个人发自内心地深深相信，
就可以渗透进那个人的情感，
并具有完全支配其行动的力量。
但是那些信条的宣教者们，
都认为要达到这样的境界非常困难。
要做到那样了不起的程度太难了！
历史上一种教义和信条在处于创始阶段时，
那些教义和信条是充满生命力的。
那时虽然它的势力还很弱小，
但它为了实现自己的目标，
我要战胜邪恶，拯救世界。
为了使自己的教义占上风，
会倾注所有的心血。
而此时完全信仰这些教义的人
我相信！

会深刻感受到自己精神世界发生的各种变化。
但随着时间流逝，这些新生观念渐渐变成了既成观念，
人们便开始习惯于消极地接受。
反正自古以来就是这么做的嘛……
于是，人们对这些观念的态度就变得淡漠、麻木，
今天晚上吃什么呢？
照这样发展下去，维系人类内心世界与信条间的绳索
就会渐渐断裂。
我干吗做这些呢？
密尔举例说明。通常说基督教信徒
自然应该相信教义的神圣性，并按教义去生活。
伟大的主
但实际上在这些信徒中，
我相信
真正按照教义去生活的人
几乎不到千分之一。
所有的基督教信徒
上帝所赐福的乃是穷人和被世人虐待的人。

富人是很难进入天国的。
都相信这些戒律。
假如有人要拿我们的罩袍，就应同时送出上衣。
的确很多吧？
爱邻友如爱己。
绝对不能指神发誓。
想要成为完善，就要将自己所拥有的一切变卖，把钱财捐给穷人。
不要担心明天的事。
这时，并不能说他们是口是心非的。
我本来就是这么想的！
他们虽然相信这些教义，
啊，我信主。
实际上只不过是在跟随别人的步调，进行有限度的相信和有限度的行动。
和睦相处多好呀！
但凡是“鲜活的信仰”，就能对信仰者的行为产生约束力。
不许喝酒！
而一般的信徒只是对教义有一种习惯性的敬意，
……我是有信仰的！
BAR
VSOP
咕噜
却不愿意对这些教义进行逐一理解，并真心实意地付诸实践。
可是我并不知道为什么不能喝酒呀？

所以一遇到具体问题，
那葡萄酒算是酒吗？
?!
人们就会先观察周围的信徒是如何去生活的，
别的人怎么做的呢？
打量
然后自己再照着做。
啊！我只要把葡萄酒看成是主赐予的生命之水就好了！
当然了，早期的基督教徒可不是这样的。
如果他们也这么做的话，
基督教就不可能发展为罗马帝国的国教了。
罗马帝国
不过，我上面所说的这些不只是在批判基督教徒，
因为这样的问题并不仅仅发生在基督教徒身上。
不过是举一个例子罢了。
除了道德、宗教以外，几乎所有包含人类智慧的传统教义都面临这样的问题。
由各种语言写成的充满教义的典籍，
人生是这样的！
人生教程
人应该这样生活！
哲学
看这里！
这才是正确的道路！
几乎都无法真正地影响人的行为，成为人们心中“鲜活的信念”。
扑通

之所以会产生这样的问题，也有一定的背景原因。
人生
这世界上很多道理都是只有亲身经历才能正确了解其意义的。
南极果然很冷！
发抖
也就是说，人只有经历了才会懂得。
挨打果然很痛！
但是如果那些懂得的人们经常进行充分论证，
这些讨论一旦进入普通人的耳朵里，
这样我就更能理解其中的含义了。
至少会对这些普通人的内心产生更深刻的影响。
人们通常在知道某一事物确定无疑后就不愿意再对其进行思考，
确定
这恰恰是人类致命的坏习惯。
某位作家曾经说过，
呼噜
已经确定的结论总是在沉睡中！
也就是说，已得到确认的结论就无法成为“鲜活的真理”。
结论
那么，已经得到确认的事物必须要反复讨论吗？
全票通过的决定还需要再讨论吗？
决定

为了获得真理，难道我们必须故意提出一些错误的观点吗？
地球是方的……
难道某种观点一旦被所有人接受，
就失去了成为真理的资格吗？
难道获得了毫无争议的胜利，
就意味着无法享受胜利的果实吗？！
哈哈哈，当然不是这个意思啦。
随着人类历史的发展，无须争执或不复存疑的观点自然会越来越多。
氧气
1+1=2
地球是圆的
H2O=水
关于重要问题的疑问渐渐减少，
是真理确立过程中必然的经历。
真理
这种意见的固化，如果是错误的观点，自然会带来恶劣的影响。
错误
如果是正确的观点，那应该是有益的。
真
因此，虽然关于某种观点的疑问渐渐减少是必然的过程，

但其后果并不一定都是有益的。
我们越是需要向持反对意见的人进行解释和争辩，
就越会对真理产生更深刻的理解。
一旦这种真理到了普遍认可的地步，我们自然就失去了为它辩护的机会。
正
虽然“不战而胜”也不是什么坏事，
真理
但我们也会因此而有所损失。
没有可以较量的对手啦！
也没有了观众……
因此，人类的伟大领袖们应该努力去寻找这个问题的解决办法。
应该好好地研究，人类的意识究竟存在什么问题，为何会导致这种问题的发生。
但是，在密尔生活的那个年代，那些所谓的宣教者们根本不会为此而努力，
过去的就是好的。
他们甚至把过去流传下来的宝贵思想也丢掉了许多。
哎哟！
砰
密尔认为，苏格拉底式的辩证法就是解决这种问题的有效途径。
辩证法

等一下，什么是辩证法啊？
辩证法就是……
当一个人自以为懂得某一问题，
柴可夫斯基的
《胡桃夹子》。
750
但实际上却并不了解其真正含义时，
哇啊啊
回答正确！
我也就知道这一点。
我们就可以通过提问的方式让他醒悟。
你看过《胡桃夹子》的演出吗？
没有。
嘿嘿
当这个人意识到自己的无知之后，
The Nutcracker
Ballet
就会为了理解该问题的真正含义而不断努力。
这样他才能真正掌握那个问题的实质。
密尔认为，中世纪的学院论战多少有着同样的目的。
当时的这种讨论
可以使学生了解与自己持相反意见的人的想法，
并由此强化自己观点的根据。

但在密尔生活的那个年代，英国的教育方式可不是这样的。
哼
甚至可以说，连上面这些方法的皮毛都没有沾到。
过度填鸭式的教育
使大多数人根本无法站在正反两个角度去看待问题。
正
反
反
正
正
反
甚至连思想家们也很难同时了解正反两方面的观点。
赞成
反对
反对
赞成
下面我们来看看，在积极的争论中占据重要地位的
“反面的批判”。
反面的批判
唰
吧啦吧啦
人们通常总是排斥对理论上的弱点
毫无价值的理论！
我可研究了一辈子啊！
和行为上的偏差进行攻击的“反面的批判”。
全是漏洞！
但密尔认为，反面的批判有时候也可以成为获取有用知识和可靠结论的手段。
确信
不论是加入别人的辩论，还是自己组织辩论，
试过才知道，难道不是吗？

如果不经过积极的辩论过程，
任何观点都无法成为像样的知识理论。
在这样的争论过程中，反面的批判是不可缺少的。
那如果不存在反面的批判呢？
要硬造一个反面的批判可不是容易的事。
当反面的批判出现时，无视它的存在是十分愚蠢的行为。
啪
当有人对普遍认可的观点提出异议时，
当法律和舆论允许他们提出异议时，我们应该对这些真正表达出异议的人
我有异议！
表示真诚的感谢。
谢谢你。
不客气。
我们应该敞开心灵之门，聆听他们的话语。
批判者的声音
假如我们对某种观点抱有坚定不移的信念，
而且我们希望维护自己信念的生命力，
就必须付出相当大的努力去进行这样的批判，
怎么提出批判呢……
而现在别人帮我们完成了这件事，我们当然应该对他们表示感谢。
我有异议！
太好了！

苏格拉底式对话

辩证法的历史非常悠久。不同的时代、不同的人对辩证法有不同的解释，所以我们很难用一句话来定义它。在英文中，辩证法dialectic这个单词有“对话方式”的含义，而在希腊语中，辩证法则来源于含有“问答法”之意的词dialektike。

起初，辩证法是指古希腊哲学家芝诺提出的理论。芝诺被亚里士多德称为“辩证法创始人”。他所主张的辩证法是一种通过发现对方观点中的矛盾来证明己方观点之正确性的辩论方式。后来，诡辩家们将他的辩证法当作了一种在争论中使用的制胜途径。而苏格拉底所主张的辩证法并不是一种诡辩工具，而是通过与他人的“对话”，澄清观念与思想，获取真正智慧的方法。

苏格拉底认为，一切普遍观念和个人意见要想成为真正的知识，都必须经过考证和确认。也就是说，任何观点和想法都必须经得起怀疑和否定。

所以，苏格拉底一直坚持与不同年龄、不同阶层的人进行对话。他尤其喜欢和雅典的年轻人对话。他欢迎任何主题内容的对话，当然最喜欢以道德和伦理为主题的对话。比如什么是善、勇气和正义，怎样的生活才算是幸福而有道德的生活等。在苏格拉底看来，最值得探究的问题莫过于人类如何过上善良而有道德的生活，如何享受

充满智慧而有价值的人生。

油画《苏格拉底之死》

在对话时，苏格拉底喜欢从日常生活中的普通问题出发，尽可能多地抛出疑问。在这个过程中，他会不断地指出对方观点的错误，使对方意识到自己的理论站不住脚，论据也不够充分。

苏格拉底希望所有的雅典市民都能过上善良、有道德、有价值的生活。但要想实现这一目标，首先得让市民们弄明白什么是善，什么是道德，什么是有价值的生活。他认为，没有人会故意作恶，恶来自人的无知。因此，要想让人们过上有道德的生活，就必须让他们认识到掌握真理的重要性。苏格拉底辩证法的终极目标不仅是通过对话让雅典市民懂得真理，更是引导他们按照真理去实践。

第9章 表达的自由

糖醋里脊
炸酱面
我没这么多钱啊……

不同的意见会给我们带来什么好处呢？
好吃吗？
那就是帮助我们从不同的视角看待问题。

而且还可以启发我们进行更深入的思考。
没错！以不同的意见为基础对真理与谬误进行讨论，

可以帮助我们更深刻地认识真理。

到目前为止，我们已经论证过这两种可能性。
普遍观念可能是错的
普遍观念可能是对的

一种是，现有的普遍观念是错误的，那么与之不同的观点就是真理。
真理
错误
另一种是，现有的普遍观念是真理，那么与之不同的观点就是错误的。
现有的普遍观念是真理
在这里，“普遍观念”是指广为人知、已被认可的见解。
这样的
那样的
在书中，普遍观念、传统教义、公认意见，这几个词可以理解为同一个意思。
普遍观念
传统
多数
但在现实中，两种对立的观点几乎不可能是一方完全正确、另一方完全错误，
100%
在多数情况下，它们通常均包含一定程度的真理。
50%
75%
10%
这时，就需要一些“不同意见”来补充“普遍观念”中的不足。
100%
所以，对“普遍观念”发起挑战的“不同意见”是必须存在的。
不同意见就是和别人不一样的意见。
不同意见
不同意见
普遍观念
少数人意见、异端思想、反对意见、新意见都可以理解成“不同意见”。
反对意见
异端思想
不同意见
少数人意见
新意见
即使被大多数人所持有的正确观念也往往具有片面性，
因此我们应该珍视被普遍观念所忽略的、却包含部分真理的有关意见，
哪怕这些真理当中可能会交织着错误和混乱。

让我们来看看当时卢梭的思想吧！
卢梭是谁呀？
牛？
卢梭是法国一位思想家，他对18世纪的反封建、反教会的启蒙运动产生了很大影响。
卢梭
(1712—1778)
在18世纪，人们正尽情赞叹所谓文明、近代科学、文学和哲学的各项奇迹。
文明是最棒的！
文明
但他们以“现代人和古代人从本质上不同”这一错误观点出发，
哈哈哈
得出了“现代绝对优越于古代”的结论。
而卢梭并不这么认为。
我不这么认为！
文明导致了人类的堕落，所以自然状态下的人类才是最高尚的！
卢梭的观点起到了有益的震撼作用。
吓一跳
卢梭提出的这种“反论”可以说是为当时的“普遍观念”填充了真理以外的其余空间。
同时，他的观点也为那些思想片面的普通大众提供了自我反省的机会，
为他们思想的重塑和完善贡献了力量。
对了，“反论”就是表面上看去与真理相矛盾的观点，但事实上反论也包含了一定的真理。

当然，并不是说当时的普遍观念比卢梭的观念更远离真理。
相反，当时的普遍观念反而离真理更近些。
真理
但是，卢梭的理论包含了许多恰恰是普遍观念中所缺少的真理。
真理 g
因此，当时的人们如果无视卢梭的理论，就会失去很多东西。
自卢梭之后，一些有教养的人才开始明白，
简单朴素的生活中隐藏着更高贵的价值。
不仅如此，他们还意识到那些强迫人们按某种方式去生活的“束缚”和“伪善”力量
会败坏风气、使人耗尽精力。
我们再以政治为例来说明吧！
政治我还真不太懂，嘿嘿
政治
在政治领域，既有追求稳定和秩序的党派，也有主张进步和革新的党派。
众所周知，他们都是保证一个国家政治生活健康的必要因素。
就像美国的共和党和民主党一样？
密尔认为，之所以必须存在这样两股相对的势力，
百 元
100

是因为它们各自都有缺陷。
也就是说，它们只有通过对方的缺陷来展示自己的优势。
比如，民主政体和贵族政体，
财产与平等，
合作与竞争，
奢侈与节俭，
社会性与个别性，
自由与纪律，等等，
双方都有各自利于己方的意见。日常生活中一切问题都有相互碰撞的不同主张。
这些主张如果无法获得人们同等的重视，无法获取自由表达的权利，
就会变得黯然失色。
密尔认为，要想找到真理，
真
就要使对立双方相互协调、相互结合。
也就是说，对立双方必须在敌对旗帜下展开斗争，才能找到真理。

由于人们往往没有极宽广的胸怀，极公正的态度，
我的心如海洋。
很难单方面做出正确判断。
到底哪一方才是对的呢？
我对！
我才对！
密尔认为，不论什么问题，只要有人提出与普遍观念不同的主张，
宗教一体化
就算普遍观念是多么正确，
别傻了！
我们也不能忘记不同观点中也一定有某种程度的合理性。
有一定的道理……
如果我们扼杀了不同意见，就极有可能与真理失之交臂。
你说什么呢？
所以，我们不要忘了时常看一看四周，
如果有人对普遍观念提出异议，
用牙膏擦头发！
我们就应该认真地听一听。
这样头发就会变得很光滑。
真的吗？
但是，也有人提出了反对意见。
在普遍观念中，至少与最关键的主题有关的内容多半都是真理。
比如，基督教道德就是完全正确的。

所以传授违背基督教道德内容的人，
可以说是犯下了原则性的错误。
这种观点是正确的吗？
你觉得呢？
密尔指出，这里所说的“基督教道德”如果是指《圣经·新约》中宣扬的道德观，
圣经·新约
那么作为一个完备的道德教程，
是诗歌还是小说呢？
是有不完备之处的。
是历史，还是道德呢……
圣经·新约
圣经·旧约
而且，《福音书》中的伦理都是以很平实的语言表述的，
如果有人打了我的右脸，连左脸也转过来由他打。
要爱你们的仇敌……
圣经·新约
所以常常很难仅按字义来解释语句。
150km/h
左边脸也打！
同时，虽然《圣经·新约》的语句充满诗意，给人以感动，
「爱人如己」
新约
但与“法律式的准确性”表述还有一定距离。
要怎么去爱呢……
新约
而且，如果没有《圣经·旧约》来加以补充，
新约
旧约
仅《圣经·新约》不可能形成完善的教理体系。

比如，使徒保罗曾经在给信徒们的忠告中，
就认可奴隶制度的合理性，
这种观念是深深植根于古希腊和罗马的道德体系之中的。
由此可见，基督教伦理的理想非但不是积极的，
反而是消极的、被动的、顺从的。
他们认为，与其力求崇高，不如但求无罪。
与其“竭尽全力地追求善”，不如“全力以赴地戒除恶”。
在基督戒律中，“你不该”的字眼比“你应该”出现的频率要高得多。
基督教教义引导人们向往天国、畏惧地狱，
并以这种方式教化人们过有道德的生活。
我要去天国。
当然，我们并不能因为基督教有这样那样的缺点而完全否定它。

我所要强调的不是基督教有多么不完美，
我要说的是，耶稣的教诲也只是包含了部分真理。
我是为给人以爱而来。
所以，那些固执地硬要从基督教教义中找出一套“人类生活完整规则”的人，
请相信吧！
便是犯了很大的错误。
请相信吧！
这是一种很偏执的做法。
密尔认为，这样的偏执观点会使今天有志人士用心建立起来的道德教育和训练体系
唰
陷入混乱，引发严重的问题。
砰
密尔认为，为了保持人类道德的不断发展，
大学
应该让那些与基督教伦理不同的伦理体系得到与基督教共存的机会。
同时，就像我们必须承认人类精神世界的不完美一样，

基督教也应该承认自身的不完美，
多多聆听不同意见，努力寻找真理。
当然，我们认可那些不属于基督教的道德真理，
并不代表着就完全抛弃基督教教义中所包含的真理。
为了得到最为宝贵的真理，我们必须容纳各种不同意见，
这就好比我们乘车到一个目的地就必须付出车费。
如果一个人仅发现了一点点真理，
就像获得了全部真理一样得意忘形，
就必定会受到批判。
如果基督教信徒去劝说异教徒
不要对基督教抱有偏见，
我不买！
那么，首先必须摈弃自己对异教徒的偏见。
怎么样？
真棒！

只要是对历史知识有基本了解的人
嗒嗒！
博士 豆豆
都应该清楚一点，那就是最崇高、最重要的道德教义很大部分都是出自
道德
不信仰基督教甚至排斥这种宗教的人。
基督教
其他
因此，如果有人无视这个显而易见的事实，
我不知道。我不知道。
就不可能找到真正的真理。
密尔认为，即便自由讨论得到认可，也无法阻止人类的思想朝着一个方向倾斜。
甚至自由讨论可能会使这种情况变得更加严重。
砰
因为人们在讨论的过程中，很容易忘掉“寻找真理”这个目的，
我们要一致反对这些家伙！
滚开！
而陷入对反对派主张的激烈排斥中。
在这种“观念大战”中获得好处的
不是那些积极坚持自己主张的人，
主张 观念主张 观念 主张
反对 反对 反对 反对 反对
而是那些相对安静、没有贪欲的旁观者。
让我好好听听，比较比较。

祸患往往不是发生在两个“部分真理”激烈对峙的时候，
而是一个“部分真理”悄悄吞没另一个“部分真理”的时候。
只要人们能够兼听两种不同的观点，
情况总是有希望的。
但如果只听其中一方的观点，
偏见就会在人们心中生根发芽，另外一方的消极形象被不断夸大，
即使是真理，一味夸大也会变成谬误。
哗
真理
密尔认为，“持有不同意见”的自由和“表达不同意见”的自由
强制
主张
讨论
意见
反对意见
和谐
反对
对于人类的精神发展十分重要。
原因有四个。
第一，即便我们无法确切地知道被强迫保持沉默的不同观点要表达什么，
快说话呀！
但不可否认这些观点有可能代表了真理。
真理
否认这一点，就等于又把我们自己放到了“绝对正确”的假设中。
100%
纯金

第二，即便那些被迫保持沉默的观点是错误的，
其中也可能包含部分真理。
事实上，这样的事很常见。
吹牛皮
10%
15%
真理
可以说，在任何一个问题上，几乎不可能存在普遍观念、公认的意见是完完全全正确无误的情况。
因此，让对立的观点相互碰撞，
才是找出真理的唯一办法。
找到了！
第三，即便普遍观念就是真理、是完全正确无误的，
这个是百分之百的纯金！
100%
纯金
如果不通过严格的考证，
有没有做过纯度测试呀？
相信我没错的！
那么大部分人就无法理解其背后的合理性。
听说是纯金
纯金
纯金
纯金
于是，坚持这种普遍观念就变得和坚持偏见没什么区别。
别说谎了！
这是纯金哦！
第四，即便某种普遍观念就是真理，如果人们对其本身的依据并不了解，
那么这样的观念就成了形式上的东西，无法对人们的性格和行动产生很大影响。
好像没什么值得感动的……
快膜拜我！

在这种情况下，真理就失去了引导人们向善的力量，
善
甚至会阻碍人们从理性或个人经验中获得自发的、强烈的、真诚的信仰。
也就是说，这时的真理就沦为了一种虚伪、独断的空洞教条。
!
让我们来看看这种观点。
只有在规定的形式下，以一种公正的方式进行讨论，个人意见的自由表达才是值得鼓励的。
这句话好像没错呀，有什么问题吗？
这句话没有错，但在现实中要想设定这种“完全合适”的讨论环境不是件容易的事。
如果被批判的人受到对方极有说服力的强烈批判，被批判的人可能就会觉得自己受到了攻击。
你竟敢攻击我？
叽里呱啦
这时，被批判的人就会进行强烈的反驳，这时他如果使用了过激的言辞，
就有可能被人认为是“失去节制，胡乱谩骂”。
你是不是太过分啦？！
这种情形在实际生活中十分常见，应该引起我们重视。
但我们还不能忘记另外一个更严重的问题。

在这种失控的讨论中最严重的就是
为了对问题的本质进行虚假陈述，或是为了歪曲反对一方的意见，而掩盖事实和观点。
提到“失控的讨论”，我们就会想到恶毒的语言、冷嘲热讽和人身攻击等。
轰隆隆
如果我们完全禁止争论双方使用这些过激方式，
那么双方就会更容易找到契合点了吗？
为了健康的讨论，当然应该这样啦。
但事实上并非如此。
事实上，如果严禁双方在讨论中出现过激情况，
就等于代表少数人意见一方无法对普遍观念展开势均力敌的较量。
相反，代表大多数人意见一方，就会肆无忌惮地展开攻势。
啪
哇哇
甚至以代表“公众意见”为名采取大胆攻击的人，还会被人们称赞为“良心的拥有者”“正义的愤怒者”。
哇

这样的较量永远是以“普遍观念”获胜而结束。
普遍观念
此外，如果持反对意见的人被攻击为邪恶的、不道德的人，
那可谓是“最坏的结果”了！
也就是说，任何人只要与大多数人的意见不一致，
十有八九就会遭到诽谤与中伤。
因为他们通常在人数上处于劣势，影响力也很小，
他们即便受到了不公正的对待，
除他们自己以外，多数人也不会对此感到愤慨。
而真正的问题是：
对普遍观念展开挑战的人一开始就站在了无法顺利展开进攻的劣势。
哈哈
这样怎么攻击啊？
这些人即便真的实施了进攻，
也只会造成自己的名誉损害。
什……什么！
你太卑鄙了！
唔！！

一般情况下，一个人如果想发表不同于大多数人的某种观点，
大多数
就必须刻意美化自己的观点，
我的观点对社会和个人是有帮助的……
采取极度小心翼翼的姿态，以免对大众造成不必要的刺激。
我的观点不会给大家造成危害……
只有这样，才能获得发表观点的机会。
这个想法不错呀。
但这时，坚持普遍观念的人就会动用一切语言暴力让反对派无法开口，更无法被人们接受。
不许听！
他说的全是荒唐话！
为了维护真理和正义，
我们必须阻止这种语言暴力。
如果实在要在两者中选一样，
保护“不同意见”不被攻击，比保护“普遍观念”不受攻击更有必要。
也就是说，严禁进行恶毒谩骂、冷嘲热讽、人身攻击的，
恶毒谩骂
冷嘲热讽
人身攻击
应该是站在“普遍观念”一方的人，
禁止
因为代表少数意见的人就连发表自己的观点也不是一件容易的事。
你先管好你自己吧！

但对于那些无法通过正确的方式表达自己观点的人，
比如无法诚实表达的人，喜欢恶意诽谤的人，
我是清白的。
谎话
以及无法包容他人情绪的人，
欢迎
我们应该不论他们的身份和观点，进行一视同仁的、毫不留情的批判。
碎
但我们决不能因为某个人与我们的立场不同
反对
就认为他会给我们带来不好的后果，
我反对
我反对我坚决反对
不行不行
绝对不行
反对
反对反对
继而干涉他的表达自由。
相反，我们应该仔细聆听反对者的心声，
对他的观点进行公正的评价，
并让他自由无阻地发表观点，
只要做到了这一点，不管是什么人，持什么样的观点，都是值得尊敬的。
而这就是公众讨论的真正道德。

难以施行的法令——禁酒法

1920—1933年，美国实施了“禁酒法案”。该法案的主要内容是禁止酒类的酿造、贩卖、运输和进出口等。当时的美国政府希望通过这一法律手段实现全国范围内的禁酒。

1846年，美国缅因州率先通过了禁酒法令。从那时起一直到美国南北战争之前，美国许多州都相继通过了禁酒法令。1919年1月16日，美国议会批准了宪法第18条的修正案，宣告开始在整个美国境内实行禁酒。

禁酒法令之所以实施得如此迅猛，与当时美国社会问题频发有很大关系。当时的美国人认为，饮酒行为是社会混乱的一大原因，所以为了减少酒精中毒和酒后犯罪现象，就必须对饮酒做出限制。除此之外，当时美国游船卢西塔尼亚号被德国潜水艇击沉的事件与第一次世界大战引发的“反德情绪”也是这一法令得以实施的重要因素。因为美国人希望用禁酒来限制德国移民通过酿造业获取财富。与此同时，由美国在20世纪20年代发起的一系列“反对颓废散漫社会风气”的活动也对禁酒法令的施行起到了相

当大的推进作用。

但事实上禁酒法令的实施并不是想象中那么顺利。不仅如此，各种秘密酿酒、售酒的行为更是导致了犯罪率的提升。实施禁酒法令的时期最终被评价为美国历史上“最无法无天的10年”。这期间，美国政治腐败蔓延，大城市非法酒馆林立，各种秘密造酒、运酒、卖酒行为更是屡禁不绝。

电影《教父》片段照片，它以禁酒法时期的美国社会为背景，展现了当时黑手党的盛行

1932年，美国民主党终于采纳了废除禁酒法案的要求。1933年，联邦议会为了废除宪法修正案第18条，通过了宪法修正案第21条的提案。1933年12月，禁酒法案终于宣告废除，在那之后，仍然有几个州继续实行禁酒，一直到1966年禁酒法案才彻底从美国法律上消失。

人们通过禁酒法令的实施与废除得出了一个教训，那就是人类的欲望仅仅通过法律和制度是无法完全约束的。这条实施了13年的法令终于不得不接受被废除的命运。

第10章
个性的宝贵价值
你们知道什么是个体性吗？
个体性是指不同的人、事物、事件、现象本身的特性。
个体性体现在人身上，就是我们常说的“个性”。
啊，原来就是个性呀！
个性的自由发展是决定人类幸福的重要因素之一，
对个人的进步和社会的发展都有很大影响。
个性
个性

因为多样化总是会带来益处的。
而在这里，多样化不仅是指观点的多样化，更是指行为方式的多样化。
人无完人，所以我们总是需要通过不同的观点来完善自我。
人类精神
同理，我们也需要通过不同的生活模式来寻求进步。
在不妨碍他人的前提下，人的个性应该呈现出百花齐放的姿态。
所以在那些与他人关联性不大的事情上，
我们就应该尽情地发挥个性。
但当我们把这种思想付诸行动时，总会遇到许多困难，而最大的困难就是
个性
人们对追求个性发展漠不关心。
如果人们知道个性的自由发展
是成就人类幸福的重要因素之一，
人类幸福
个性

知道个性与文明、知识、教育、文化的发展同样重要，
文
知道个性是一切人、事、物都必须具备的重要性质，
个性
就不会把它看得那么无足轻重了。
个性
人类幸福
但是，大部分人并不觉得个性具有多么重要的价值，
个性
也不知道发展个性为什么弥足珍贵。
个性
更严峻的事实是：
人们并不认为个性会促进人类发展，
反而觉得它碍手碍脚。
个性是社会进步的绊脚石！
在这里，密尔引用了德国教育学家威廉·洪堡的一句话。
威廉·洪堡曾说，人类的目标是使自己的各种能力得到最高度和最和谐的发展，
从而使其成为一个完整而连贯的整体。
所以，每个人都应该为发挥自己的个性而不断努力。

尤其是那些希望成为领导者的人，更应该注意发展个性。
个性
个性要发展，必须具备两个条件，一是“自由”，二是“多样化的环境”。
只有这两个条件同时存在，人类才会呈现出丰富的个性和多样性。
在此基础上，人类才会发挥出自己的独创性。
但是，当时的人们却对威廉·洪堡的观点不屑一顾，
这种观点能有什么价值？
不过值得庆幸的是，人们或多或少知道了个性的重要性。
我们还是必须承认个性的重要性的。
但关键在于“人类给个性赋予何种程度的价值”。
个性
没有人会认为，按照别人的方式去生活能拥有幸福的人生吧？
跟着我走！
哼！我为什么要跟着你走？
正确道路
没有人会否认，自己的生活方式
实际上反映了自己的判断和个性吧？
个性
所以说，强调个性并不意味着无视他人的经验。
跟我走吧！

同理，追求个性并不代表“否认自己出生以前这个世界已经存在的一切知识”，
我不需要别人的观点。
也不代表“通过前人的经验得不到任何益处”。
靠我自己的经验就够了。
因为那样的想法是很愚蠢的。
我最棒
哈哈哈哈
作为一个人，必须了解前人通过经验确认过的结论，并以学习、训练等方式去吸收这些结论。
只不过随着年岁的增长，人们会渐渐懂得用自己的方式去利用和分析前人的经验。
我一天只吃两顿饭就够了。
这是人类的特权，也是人类必须具备的一种生活技能。
这适合我的体质。
剩下的那顿饭就给我吃吧！
人类的各种风俗习惯就是前人经验给后人造成影响的证据。
但我们在沿袭各种风俗习惯时，应该注意不要过度。
原因有三个。第一，前人的经验可能有局限性，也可能会在流传过程中被曲解。
我们抓牦牛吃。
我们可是抓黄牛呀。
第二，就算前人的经验在流传过程中没有被曲解，也不一定完全适用于现在。
牦牛的营养丰富嘛。
可是我们那里没有牦牛呀。
第三，就算前人的经验是完全正确的，也可以适用于现在，
我们的是最好的。
咣咣咣

人们如果毫不思考地照搬这些现成的经验，
你问我为什么好？这个我也不知道。
咣咣
这样就会造成人类独有的个性和创造力被埋没。
密尔认为，只有那些自己规划人生、选择道路的人，
向着世界出发吧！
才能充分发挥出自己与生俱来的天赋。
四物游戏 & JAZZ
砰砰
咣咣
布鲁斯
因为他们为了观察而努力睁大了眼睛，
为了预测未来而用理性去判断，
现代音乐谱系
为了做出决定而收集资料，
为了得出结论而寻找事物间的差异。
噌
咣
他们一旦慎重地做出决定，就会以坚定的意志力和自我节制力，
将自己的选择付诸行动。
他们的能力随着独立判断的经验增加而不断提高。
能力
能力
能力
决定
决定
决定

当然，即便一个人做不到上述这些，只要规避风险，也能走上一条不错的道路。
只要做到和别人差不多就行啦。
咣咣
那么，“追求个性”和“规避风险”究竟哪一个才能让人过上更有意义的生活呢？
对一个人而言，“做什么”固然重要，
做什么
“用什么方式去做”也同样重要。
做什么
怎么做
因为人类不是按模子制造出来的产品，
也不是按照指令去工作的机器。
从本质上来说，人类就好比一颗依靠内在力量，
不断朝着四面八方生长的
唰
大树！

值得庆幸的是，人们多多少少是认定这样一些事实的：比如各自观点不同是值得鼓励的事，
我也有自己的看法嘛。
我也是。
比如对于前人留下的传统批判性地继承，
虽然造型不怎么样，但功能还不错。
甚至批判性地拒绝，
比盲目机械地崇拜要好。
但是，人们是如何看待欲望和冲动的呢？
欲望
冲动
人们并不认可欲望和冲动的价值。
我可是很纯洁的。
快别提那些东西了。
对于“欲望和冲动也是完善人类的要素”，
欲望
冲动
“即便拥有较强的欲望和冲动也并不一定是危险或极坏的事”这些事实，
只要控制得好，它们也可以很有用哦！
人们并不愿意承认。
我才不相信呢！
然而，拥有欲望和冲动的人，才能算是一个完整的人。
诚实
爱
信念
欲望
良心
冲动
知识
自制
密尔认为，一个人之所以犯错不是因为欲望过强，
而是由于良心的力量太弱。

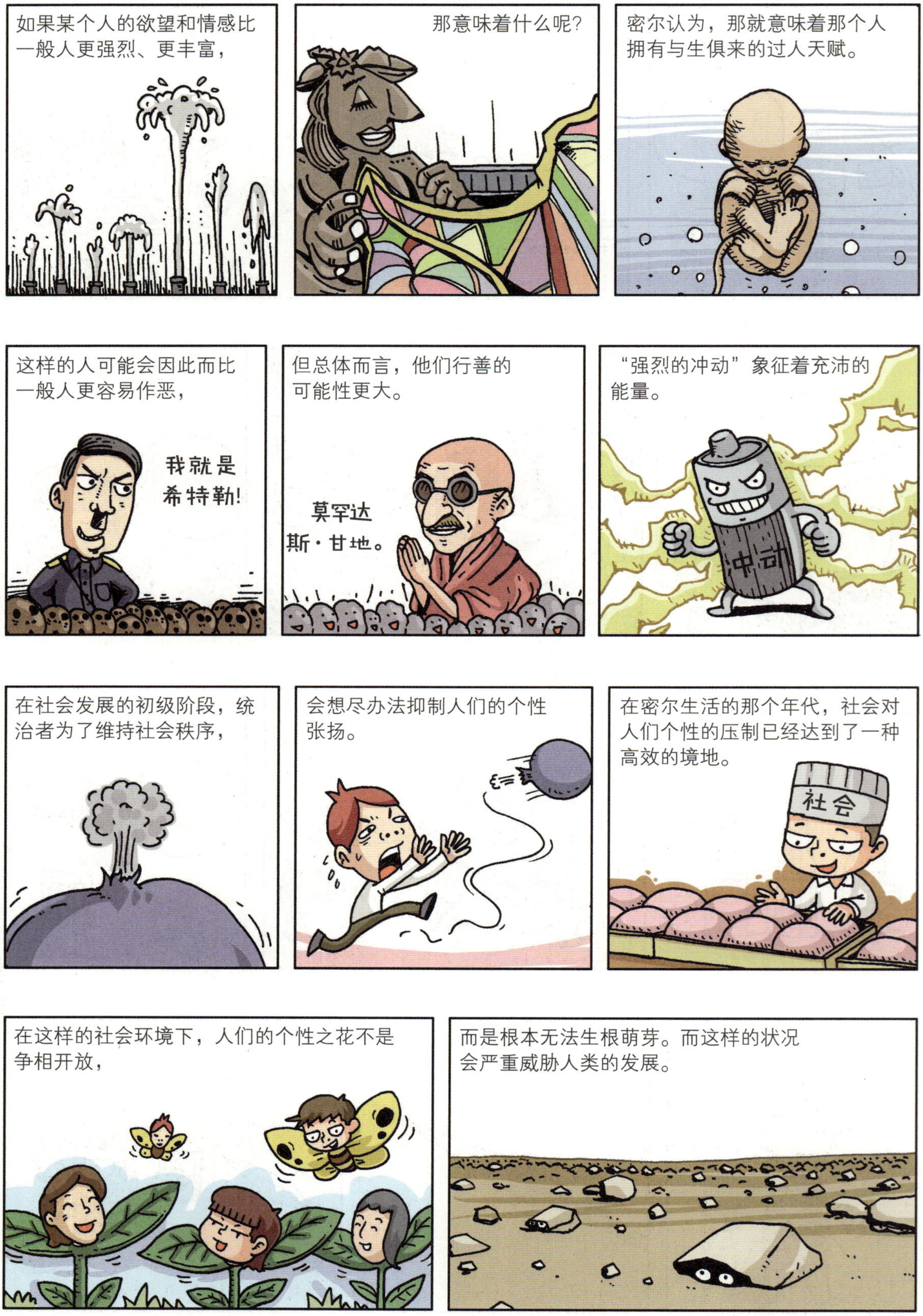
如果某个人的欲望和情感比一般人更强烈、更丰富，
那意味着什么呢？
密尔认为，那就意味着那个人拥有与生俱来的过人天赋。
这样的人可能会因此而比一般人更容易作恶，
我就是希特勒！
但总体而言，他们行善的可能性更大。
莫罕达斯·甘地。
“强烈的冲动”象征着充沛的能量。
中动
在社会发展的初级阶段，统治者为了维持社会秩序，
会想尽办法抑制人们的个性张扬。
在密尔生活的那个年代，社会对人们个性的压制已经达到了一种高效的境地。
社会
在这样的社会环境下，人们的个性之花不是争相开放，
而是根本无法生根萌芽。而这样的状况会严重威胁人类的发展。

因为在当时，人们不论地位高低
都生活在被敌对、被监视的状态之中。
于是，人们对自己有关的事变得淡漠。
我的爱好
比如自己喜欢什么，什么样的事与自己的性格爱好更相符，
比如怎样才能将自己与生俱来的才能充分发挥出来……
哎呀，麻烦死了。怎么这么复杂呢！
相反，人们更喜欢去寻找哪些东西与自己地位相符，
我的位置在哪儿呢？
更喜欢去观察与自己身份相当、经济实力相仿的人都在做些什么，
你好
甚至对比自己地位更高的人都在享受些什么也很感兴趣。
密尔认为，这说明人们不愿意寻找适合自己的东西，
而是喜欢习惯性的东西。
习惯
一旦失去那些习惯性的东西，

就会觉得自己失去了生活的重心。
我……我是什么呢？
也就是说，人们的精神已经被禁锢。
即便在一些趣味性的事物上，人们也喜欢照着别人来做。
我要不要也插个吸管呢？
咖啡
只有融入人群中，人们才会觉得充满安全感。
反正大家都说好嘛。
在做选择的时候，人们也喜欢从最热门的选项中挑选。
那就在炸酱面和炒面中选一个吧……
而独特的爱好和行为在人们眼中就像犯罪一样，是绝对要避免的。
快别跳了！
总之，在这样的社会大环境下，每个人独有的情感与爱好已经荡然无存。
这样的事究竟是好事还是坏事呢？
当然是坏事！
因为个性都消失了嘛！
但是，也有一些人认为这样的事是好事。
怎么会有这种人！

那个人就是加尔文!
加尔文
(1509 —1564)
加尔文?
加尔文是16世纪法国的宗教改革运动的领袖。
他认为神的权威是至高无上的。
加尔文主义
宗教改革
评价不错嘛
他认为，人类按照自己的意愿去生活
基督教
教会戒律
罗马XXX
是人类可能犯下的罪孽中最严重的一种。
罪
啊？什么？
加尔文认为，人类可以做的有意义的事全部与服从有关。
别人都热爱自由，我却喜欢服从。
他还主张，一切不属于义务的行为都是罪恶。
3 combo
罪
罪
罪
持这种观念的人认为，如果人类把自己的能力用在“遵从神的旨意”
赞颂
赞颂
以外的其他地方，
那还不如干脆不要拥有任何能力。
而密尔认为，任何宗教都相信人类是由某种“善的神灵”所创造的。

而这种“善的神灵”自然希望自己赐予人类的所有能力
都可以很好地发扬光大。
当他们看到人类像他们期待的那样渐渐成长，
一定会感到很欣慰。
随着个性的发展，
人们会渐渐成为对自己而言更有意义的存在，
继而成长为对他人而言更有意义的存在。
只要每个人都像这样用心地经营自己的生活，
我们这个由个体组成的社会会变得更有意义。
由此可见，个性在人类的历史上具有重大意义。

密尔认为，那些发现新真理的人，
真理
或是发现过去真理并不完美的人，
真理
真理
又或者是开创新观念的人，
歧视
人权
总之只要是做出进步行为，表现出高水平追求的人都应该受到重视。
人权
种族
和平
生态
爱
就算你不相信也无法否认，我们的社会已经发展到了一个比较完美的高度。
真理
真理
真理
真理
在众多的人中，只有非常少的一部分人
会主张进行新的试验。
人们朝着新的道路前进，
人类社会就有了更进一步的可能性。
所以，这些提出新主张的人，对人类来说就是像食盐一样重要的存在！

没有他们，我们的生活必定会成为一池死水。
他们不仅倡导前所未有的好东西，
也很好地维护和发展了已有的好事物。
所以，我们必须让天才们按自己的方式去生活。
密尔认为，当时他所处的社会中大多数普通人的观念，
已经成为一股压倒性的强大力量，支配着整个社会。
因此，要想发现那些广泛传播的普遍观念中存在的错误，
就必须让那些拥有先进思想的人更好地发挥自己的个性。
也就是说，优秀的人不应受社会传统观念的约束，
而应自由自在、毫无阻碍地做自己想做的事。
只要他们抗拒凡庸的统一性，反对按照习俗做事，
习俗
就已经是对人类的很大贡献了。
首创

并且，这种自由并非只适用于拥有卓越思考能力的少数人。
任何拥有一定常识和经验的成年人，
常识
常识
按照自己的方式去生活都是值得鼓励的。
当然，并不是说每种生活方式都值得鼓励，
而是说“按照自己的方式去生活”这种态度是值得肯定的。
蠕动
我就喜欢这样。
正如每个人的鞋码和衣服尺码不同，
唰
啦
每个人对欢喜和痛苦的感受也完全不同。
哇，好舒服。
40℃
哎呀，好烫！
因此，如果不让每个人选择适合自己的生活方式，
人类就无法充分感受幸福。
幸福
但是，当时的公众意见并不这么认为。

密尔认为，当时的公众意见几乎不能容纳哪怕一点点的个性。
咔嚓
习俗
要连根除掉才行。
习俗
公众意见总是极力避免那些脱离惯例的事物，
对于有些人不按常理的行为也表示难以理解。
密尔指出，欧洲民族之所以可以持续进步，
正是由于性格与文化上表现出的惊人的多样性。
而这种多样性包括个人的多样性、阶级的多样性，甚至民族的多样性。
人们通过这些多样性寻找与探索不同的路径，
创造出了有价值的成果。
密尔认为，当时的欧洲正在逐渐抛弃“多样性”这个宝贵资源。
讨厌的多样性！
之前说到，威廉·洪堡曾经指出人类发展有两个必要条件。
搜索
人类发展的必要条件。

一是自由，二是多样化的环境。
人类发展的必要条件
自由
环境的多样性
也就是说，不能人人完全一样。
多样性是很重要的。
密尔指出，当时英国社会的多样性正在日益减少。
不同的人读一样的东西，
去同样的地方，为同样的事情而感到欣喜或恐惧。
人们享受一样的权利与自由，并按同样的方式去宣扬主张。
同时，政治上的变化也加剧了多样性的减少。
政治也有一份“功劳”。
身份卑微的人不断往上爬，
身份高贵的人又不断被拉下台。
教育的普及同样助长了同化现象。
教育
因为教育趋向于使所有人受到同样的影响，
给人们通向一般事实和一般情操的手段。
事实
情操

通信手段的进步使原本相隔较远的人们更容易沟通，
从一个地方迁居到另一个地方的现象不断增加，这些都对多样性的减少产生了影响。
同时，工业与制造业的发展使人们普遍感受到了便利环境带来的好处。
人们开始变得野心勃勃，甚至对最高的目标怀抱期望。
现在，扬名立万不再是某个特定阶级的专属品，
任何人都有机会达成这一目标。而这些也促使多样性减少。
除了上面提到的这些以外，还有一样更加重要的东西导致了多样性的逐渐消失。
那就是公众意见渐渐确立了优势地位。
现在民意相当重要呢！
这难道不是进步和民主的表现吗？
但是，公众意见会对个性造成消极的影响。
自由讨论
社会上那种不屑与“大多数”苟同，

坚守“独特思想”的势力
我自己的主张
就已经不复存在了。
在种种因素的影响下，个性的发展受到严重阻碍。
个性
人们不知道个性究竟是否应该保住。
个性
但至少，我们应该让那些站在大众前面的知识分子意识到个性的重要性，
个性
并使他们明白“即便个性不会使一切变得更好，
但至少比没有个性要强。”
这样，我们的社会是不是会更好一些呢？
密尔认为，趁着情况还不是十分糟糕，是时候该对“个性”加以保护了。
我要保护我的观点！
我自己的观点
所以，我们在这个时候强调个性的重要性是非常有必要的！

加尔文与加尔文主义

约翰·加尔文是法国著名神学家，16世纪宗教改革的领袖，新教加尔文派的创始人。他的父亲是一位律师，所以他自幼就接受了良好的教育。加尔文从小就是基督教信徒，曾经为了成为祭司而接受祭司培训课程，但后来还是遵从父亲的意愿学习了法律。获得法学博士后，他又专攻神学，在欧洲宗教改革的大潮中成为一名新教教徒。

宗教改革时期，加尔文为了躲避支持天主教的法国当局的迫害，移居到瑞士的新教中心巴塞尔研究神学。他的代表作《基督教要义》就是当时所写。该书对新教教义作了系统阐述，对天主教神学中对基督信仰的偏离做了深入批判，为宗教改革奠定了基础。1536年，加尔文在日内瓦定居，倡导宗教改革，并引领当地的宗教思想直到逝世，被誉为“日内瓦的教皇”。

加尔文的教义中最核心的内容莫过于“救赎预定论”。即人类是否能获得救赎是神早已决定好的事。他认为，人类的救赎完全来自神的拣选，人并没有改变既定命运的能力。

加尔文主张，得到救赎的切实证据就是“社会生活中的成功”。也就是说，如果一个人在现实社会中取得了成功，就说明他是被神选中的人。相反，如果一个人失败了就说明他正受到神的惩罚。因此，

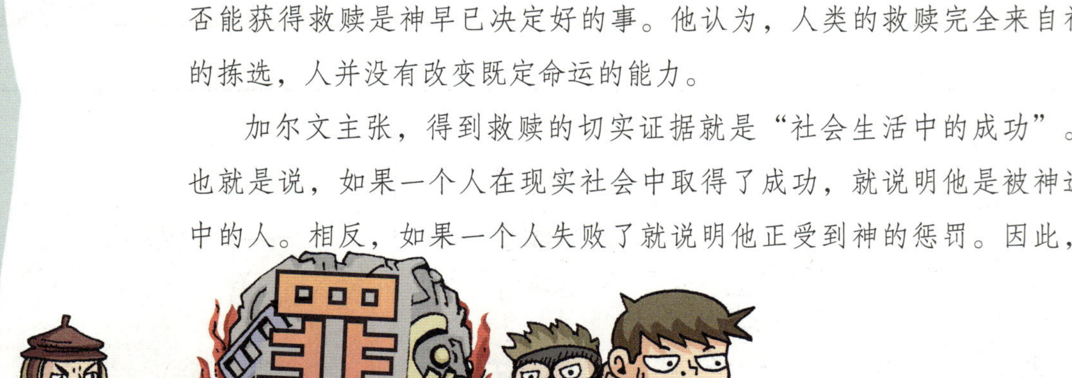

每个人都应该坚信自己被神选中，一定要做到“勤勉、禁欲、节约”，为了神的荣誉而努力生活。

主张人类应该“勤勉、禁欲、节俭”的加尔文

加尔文主张，财富是蒙上帝恩赐的人获得成功的标志。因此，加尔文的主张被当时新兴资产阶级普遍接受。加尔文主义为日益壮大的资产阶级反对封建制度提供了理论依据，在一定程度上促进了资本主义的发展。

加尔文主义思想不仅成为宗教改革的基本教义，也有力地影响了欧洲人的思想与生活，成为清教徒思想的核心，并带入了北美新大陆——美国，借此开创了特定的基督教文化的社会生活形态。

加尔文认为，一切荣耀都是属于上帝的，人类决不能成为被赞扬、崇拜的对象。他在去世时，曾留下这样一句遗言：“不要为我举办葬礼，也不要在我的墓碑上写任何字。”所以，位于日内瓦公墓中的加尔文墓地是没有任何装饰的。后来，人们担心有一天会忘记他的墓地所在，才在墓地前方放了一块写有“JC”字样的小石头。

第11章 社会与个人的界限

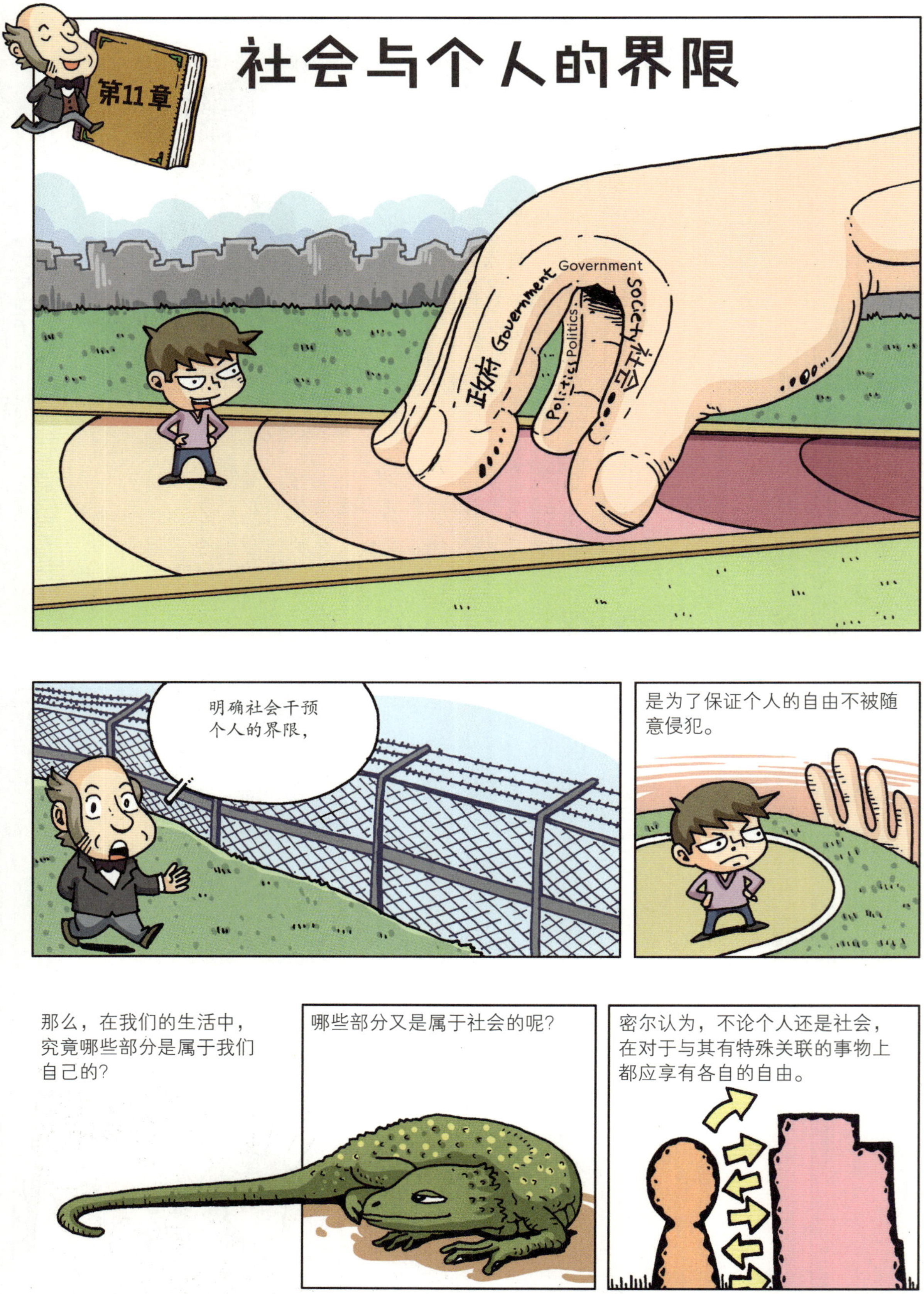

也就是说，生活中只关系到个人利益的部分
就是属于个人的。
关系到社会利益的部分
就是属于社会的。
虽然社会并不是靠一个实际的契约形成的，
社会是自然产生的。
但每一个受到社会保护的人
都应该在享受社会利益的同时报答社会。
有权利就有义务！
同时，每一个生活在社会中的人，只要和别人打交道，
就应该遵守一定的行为准则。
我认为，这个一定的行为准则应该是这样的：
行为准则
首先，不能侵害别人的利益。
其次，每个人都必须为了保护社会和社会成员而付出劳动或牺牲，
以尽自己的社会义务。
为了大家，为了我自己！
如果有人拒绝履行自己的义务，
我才不要！

社会就可以用一切手段强迫他履行。
只要一个人的行动
侵害了他人的利益，
社会就有权对他进行司法处理。
但如果一个人的行为与其他人一点关系都没有，
而只对他自己的利益产生影响，
这个人就应该在这种行为以及产生的后果上享有绝对的自由，社会和法律都不能予以干涉。
当然，我们不能因此而变得自私自利。
密尔认为，那种认为与自己无关的人和行为都不值得关心的想法
不关我的事。
是绝对错误的。
那是严重的错误！

相反，为了更好地理解他人，
个人
个人
我们应该无私地付出更多努力。
理解
密尔认为，当我们想要无私地帮助别人时，
最好的办法是引导那个人
自己去找到更好的出路。
每个人都应该和别人一起相互帮助，学会区分“好与坏”，
学会如何摒弃坏的事物，追求好的事物。
相互帮助，一起生活。
这是人生在世必须履行的一项义务。
但是任何人都没有资格阻止一个成年人
喂！
做他为了自己的人生而选择的事。
不许做！
因为最懂自己的人始终是自己。
我就喜欢跳舞！
如果你和一个人的关系不是非常密切，

那么你对他的关心就远远比不上他对自己的关心。
我很关心你哟。
我也是。
因此，社会对个人的关心
帮帮我！
就更有限、更间接了。
因为任何一个人
外面这么冷，你赶快进屋吧。
都比其他人更清楚自己的情感和所处状况。
哇哈
我自己的身体我自己知道！
因此，当一个人对仅与自己有关的问题
做出决定或定下目标时，
社会出面干涉
这个不对！
就是错误的。
我只不过是做自己想做的事嘛。
你才是社会应该干涉的对象！
因此，在教育方面

我们应该注重于培养一个人的自觉性。
自
觉
性
在这个过程中，我们可以帮助他做判断，
不要把自己累着了。
或者为了坚定他的意志而给予一些警告。
均衡膳食可以增强您的体力哟！
废话
废话
废话
废话
废话
废话
在某些情况下，我们甚至可以强迫他。
我不要吃！
MILK
吧嗒吧嗒
但是，在任何情况下，个人始终应该享有最终决定权。
我的身体我做主！
必须少吃肉！
当然，一个人不听别人的劝告或警告
就会犯下一些错误。
应该很好吃吧……
FAT
但是在那个人看来，这种错误
比起其他人自以为是地
他好像营养失衡了？
强迫他做某事
而产生的错误，根本就不算什么。
心脏病
心脏病
高血压
心脏病

不过，这并不意味着一个人的品质或缺陷
完全不应该受别人看法的影响。
因为这既是不可能的，也是不应该的。
受到影响是非常自然的事嘛。
一个人品质优秀，
自然会受到别人的尊敬。
相反，一个人愚蠢或堕落，
哈哈哈
就不可避免会成为人们憎恶、蔑视的对象。
当然，人们不能因此而光明正大地迫害这些人。
但每个人都有权利用各种不同的方式
表现对其他人的不满。
豆豆呀，你好臭哦！
这种行为不是对他人个性的侵犯，
而是对自己个性的释放。
我的鼻子是很宝贵的！

比如，当我们讨厌某个人时，我们有权不参加有他出席的聚会。
美女俱乐部
脚臭俱乐部还差不多！
我们还可以提醒其他人注意这个人的不好。这是我们的权利，也是我们的义务。
你千万不要去游泳池啊！
如此一来，那些带有“只影响自己”的缺点的人
这是我自己的事。
就会被周围人处以某种形式的处罚。
请洗干净之后再进泳池。
这是他自己为那些不当行为所付出的代价，
并不是人们故意施加给他的惩罚。
自发性
如果一个人具有“只影响自己”的缺点，
比如鲁莽又顽固，
老婆就应该关在家里。
放荡无度，
贪婪以至于倾家荡产，
拒绝高品格的情操和知识，贪图感官快乐等，
呜哇哇哇哇

就必须意识到，自己的行为已经受到别人的批判。
嘁
一个人总会因为某种“只影响自己
这是我自己的事！
但不影响他人利益”的错误行为或个性而受到一些损害。
我又没借钱给你们，更没找你们借钱，你们别管我！
但这种损害十分有限，顶多不过是由于他人对自己的不友好态度而带来的一些失落感。
大家都不喜欢我……
但是，如果一个人对他人造成侵害，情况就完全不同了！
如果一个人侵害他人的权利，
比如不正当地加害、攻击他人，
以假面目欺骗他人，
以不公正、苛刻的方式榨取他人利益，
当别人身陷险境却视而不见，

就应该受到道德的批判甚至法律的制裁。
除此之外，间接性地做出这些行为，
或是诱使他人做出这些行为，都是不道德的，都应该受到批判。
诱惑
生性残忍、邪恶，
嫉妒、虚伪和不诚实，
莫名其妙地发火，
吃了饭不消化!!
对不公平的对待表现出过度的愤怒，
为什么这么少?!
向他人炫耀自己的权势，
我只坐豪车。
对不属于自己的财富表现出贪婪，
通过压迫他人而获取满足感，
以及只考虑自己的利益，
利益
一切事情只考虑自己利益的自私心理……

这一切都是不道德的，会导致一个人变得邪恶而令人厌恶。
邪恶
早先提到的那些“只影响自己”的缺点，
呜哇哇哇哇
从道德层面来讲算不上恶劣，
吃得多不能算不道德吧？
从现实层面来讲也不会产生什么不道德的结果。
我虽然很放荡，但工作还是很认真的。
但现在说的这些行为却不同了。
如果一个人具有“只影响自己”的缺点，
哈哈哈！
最多只能说他缺乏自尊心，
但如果他的缺点是不道德的，并会侵害到其他人的利益，
他就必须成为道德批判的对象。
一个人因为在个人尊严上有缺点而令人反感，
和一个人因为侵害他人利益而受到谴责是完全不同的。

如果一个人让我们不高兴了，我们该怎么做？
当然会不喜欢他，然后骂他呀！
对待这样的人，我们干涉他反而会让他觉得我们对他感兴趣，
吃饭大王
倒不如选择对他置之不理。
你你你……
嘁！当你的孤独鬼去吧。
哼！
但如果这个人违反了保护社会成员的某种戒律，
我们的处理方法就完全不同了。
因为他的错误已经对别人造成了伤害。
这时，社会就会对他施以惩戒，让他感受到惩罚的痛苦，
而且还要注意保证处罚足够严厉，以免他下次再犯。
但是，我们怎么区分一个问题是只对自己产生影响，还是会对其他人产生影响呢？
一个人的生活本来就和其他人紧紧相连嘛……
呵呵，你们很聪明嘛！
任何一件事都不能说完全不会对周围人造成影响吧？

完全只对自己造成损害的事几乎是不存在的。
比如，一个人丢失了财产，
那么受到他直接或间接帮助的人也会因此而蒙受损失。
从社会角度来看，也导致了整体财富减少。
如果某个人失去了某种身体功能或认知能力，
就会使那些依靠他生活的人变得不幸。
从社会角度看，他们成了被援助、被保护的对象，增加了社会负担。
就算一个人错误的行为没有对其他人造成直接的损害，
也可能成为一种坏榜样，给其他人造成影响。
你可不能那样做啊。
总而言之，凡是对自己造成损害的事都会给周围人带来负面影响。
那么，让我们通过两个例子来看看究竟怎么区分吧！
好呀！
假如现在有个人因为自制力差、
要多少钱？

挥霍无度而导致没有钱养家糊口、给孩子交学费。
我们应该对他进行批判吧？！
假如现在又有个人在深思熟虑之后决定进行某项投资，
庆祝
投资
却因此而倾家荡产，导致没有钱养家糊口、给孩子交学费。
破产
这个人也难免会受到批判吧？！
这两个人之所以会受到批判，都是因为“没有尽到对家庭的责任”。
而不是因为他们“挥霍无度”或“投资失败”。
！！
但事实上，对于那些未能照顾到他人的利益和情绪的“间接性”个人错误，
我们是不能进行批判的。
在这里，我们强调一下，如何界定某种行为“是否对别人造成影响”。
那就是应该只考虑这种行为在一开始所导致的直接性结果。
贪婪
放荡
都是因为你。

密尔认为，如果一个人因为某种没有违背社会义务，也不对他人造成损害的行为，
而给社会造成了“间接性”损失，
那社会就不应该干涉他，因为这种行为属于“人类自由”的范畴。
是因为喝醉了才那样的嘛。
也有人提出这样的疑问：
就算说因为社会不能对“只影响自己”的个体行为加以阻拦，
就应该对那些没有自主生活能力的成年人放任不管吗？
社会既然要保护儿童和未成年人，
那么对于这些已成年却没有生活能力的人，
难道不应该也加以保护吗？
对呀，这也是社会福利的一部分嘛！
但密尔认为，社会不应该拥有对社会成员私人问题的
命令权和强迫权。
个人
社会之所以不能干涉个人行为，
是因为这种干涉很可能被用在不该用的地方。

不少人都认为，自己讨厌的行为和损害自己的行为就是一回事。
如果社会可以干涉个人的行为，
你竟敢和大多数人想得不一样！
咯吱
就等于为人们的好恶披上了“道德与法律的外衣”。
你这种行为是不道德的！
这时，代表社会的那部分人就成了所谓的“道德警察”。
让我们来看几个例子吧。
第一个事例，让我们看看人们在看到别人与自己宗教见解不同，
尤其是不奉行自己的宗教禁忌时怀有怎样的反感。
比如，在基督教的信条中，令穆斯林极度厌恶的莫过于吃猪肉的问题。
吧唧吧唧
这边再来一份五花肉。
菜单
五花肉 猪颈肉
XX肉 猪肉肠
腌排骨
烤肉
你们这些不洁的家伙！
因为这不仅触犯了伊斯兰教的教条，
这是对我们的侮辱！侮辱！
还会引起他们对这“不洁之兽”的本能反感。
我怎么了我？
酒同样属于伊斯兰教的禁忌，但并没有那么大的反感。
你要不要喝？
我自己不喝就行了…
葡萄酒
假如在一个大部分公民为穆斯林的国家，多数人坚持本国禁吃猪肉，
要是我去到那里，一定可以长命百岁吧？

那么这种公众意见的权威性就是正当合理的吗？
任何一个地方都应该有属于个人的领域！
那怎么可以干涉……
咻咻
也就是说，对于那些只与个人爱好有关、只影响个人的问题，社会没有任何理由予以干涉。
这次我们来看一个发生在西班牙和南部欧洲的例子。
斗牛之国西班牙！
哇啦啦
西班牙人认为，如果一个人不按罗马天主教会所认定的方式来崇拜主，就是一种大不敬的行为。
你竟敢违背教皇的旨意！
在密尔生活的那个年代，除天主教外西班牙禁止一切其他形式的宗教礼拜。
滚开！
此外，南部欧洲的人们认为神职人员结婚是亵渎宗教、不成体统的行为。
如此不知节制的人！
这样的一些做法在基督教新教徒看来是怎样的呢？
难道不就是迫害吗？
我们是真诚的，所以我们有资格迫害犯错的人！
同样的道理，假如一种缺乏正义的原则被用在我们身上呢？
当然要反对这种原则了！
而且我们也绝不能将这种原则用在别人身上。

同样的事情也发生在英国。
在共和国时期的英国，清教徒曾掌握着很大的权力。
他们力图废除一切公共娱乐甚至是个人娱乐，
并且很成功地将这种想法付诸了行动。
当时，音乐、舞蹈、公共游戏，
以及一切以消遣为目的的聚会、戏剧都成了禁止的对象。
大力士Show
哇
直到密尔的时代，还有一些英国人以道德和宗教的名义顽固地抗拒这些娱乐活动。
但对于这些在经历了宗教、道德的限制后重新被允许的娱乐活动，普通人是怎么看的呢？
这个？
娱乐
少管闲事，管好你自己吧！
这句话简直就是所有由于“自以为是的政府和公众意见”而无法享受到娱乐的人们的心声呀！

还有一个例子是关于禁酒的。
GNAC
有一段时间，美国大部分州和英国某殖民地都颁布了禁酒令。
也就是说，法律规定除医用酒精外，任何酒类都不得销售和使用。
不能喝酒，要不要试试喝酸奶？
但这条法律实施起来非常困难，后来陆续在许多州被废除。
废除
英国也有人曾经大力鼓吹制定禁酒法。
禁酒法
这些人还为此设立了一个专门的办事机构——联盟。
Alliance
这个联盟的领导人曾经说，一切与思想、观点、良心有关的问题，法律都不应该插手。
思想
观点
良心
但是凡属于社会行为、社会习惯、社会关系这些问题，都是法律限制的对象。
在这里，他没有提到与上述两者都不相同的第三类，也就是不属于社会的个人行为和习惯。
行为
饮酒就是属于这“第三类”的个人行为。
我想喝就喝！
咕噜
这位领导人又曾经这样说：
如果我的社会权利因为他人的社会行为而受到侵害，

那我就有权用立法手段来限制他。
法
比如售卖“该死的酒”这种事就明显侵犯了我的社会权利。
因为酒的售卖会不断带来社会生活的混乱，
侵犯了我的基本权利之一——人身安全。
安全
而且，售酒还会导致穷人增加，继而使我平白无故地多缴税。
疗养院
卖酒的人靠这些嗜酒的人赚钱，我却因多缴税而失去了平等权。
不仅如此，酒还会导致我的周围变得危险，社会秩序变得衰退，社会风气变得越来越差，
我只不过想自由地追求道德和知识上的进步，现在我的权利却受到了侵害。
这位领导人的观点可以总结为一句话，那就是——如果一个人在各个方面不按要求去做，
其他人就有权要求他改正。
任何人的一点小小错误都是对我的社会权利的侵犯！
这种不可理喻的原则比任何形式的自由干涉都可怕。
因为这种原则不承认人们有权要求一点自由，除了“有意见不说出口”的自由。

第12章
本书教义的应用
自由
现在来谈谈我的观点如何应用于实际问题吧。

为了让大家更容易理解，我将举几个例子，作为应用上述原则的示范。
样本

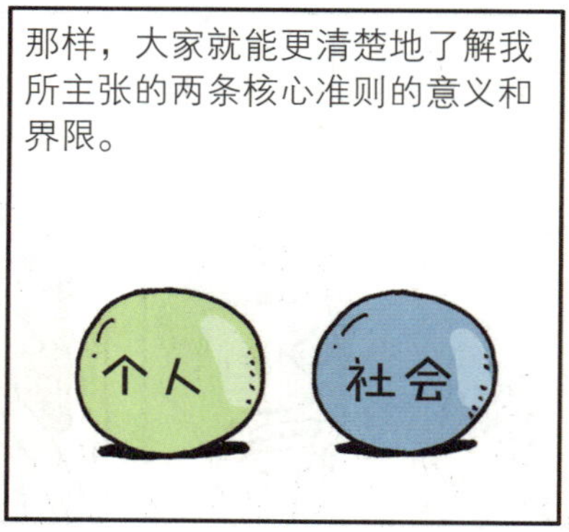
那样，大家就能更清楚地了解我所主张的两条核心准则的意义和界限。
个人
社会

当大家不知道应该将这两条准则中的哪一条运用于实际时，
个人
社会

这些示例可以帮助大家找出两者间的平衡点，做出更好的判断。
个人
社会

第一，个人的行动如果仅仅对自己产生影响而丝毫不涉及他人的利害，就不用对社会负责。
啊哈
社会
咔耶
好想劝阻啊。

对于这类行为如果其他人认为是错误的，
哇哦
滴答滴滴滴
其他人能采用的帮助方法就只能是
你要不要跳一些更高雅的舞呀？
忠告、指教、劝说或者远离他。
滴答滴滴滴
惹不起我躲得起！
第二，当一个人的行为对他人的利益造成损害时，
刺啦
这个人就必须对自己的行为负责。
同时，当社会认为有必要保护全体社会成员的利益时，
就可以对那个损害他人利益的人实施社会性惩罚或法律性惩罚。
但是，这种社会干涉只有在社会成员利益受到侵害的情况下才是正当的。
侵害
社会
我们绝对不能认为社会干涉在任何时候都是合理的。
一个人在追求自己的合法目标的过程中，
合法
合法
不可避免地会对别人带来一些伤害或损失，
不好意思……
合法
合法
或者使别人没能得到原本希望得到的一些好处，
合法
合法

比如，在考试中有人及格有人不及格，
哇哈，我及格啦！
及格名单
王春香 高具美 刘桂玉
在竞选中有人胜出有人落败，
在这些过程中，胜利者获取胜利果实总是伴随着对手的失败和失望。
但无论如何，人们这种通过竞争的方式来追求目标的行为是有益于全人类的。
目标
因为当竞争中的一方做出违背社会全体成员利益的行为时，比如欺骗、压制等，另一方就会出面进行干涉。
首先让我们通过做生意这种社会行为来理解这一点吧。
草莓
2元
3元
不管何人卖何种东西，只要他销售的对象是大众，
哔！
这种销售行为就会对其他人以及社会产生影响。
因此，这个人的行为就应该在社会法律的监管之下进行。
法律
政府有义务控制价格，监管生产流程。
butter
但是要想让消费者以最便宜的价格买到最高质量的产品，
5 折

最好的办法是让生产者和销售者有充分的自由，
同时也给消费者在不同地方购买商品的自由。
MART
这样，才能让生产者和消费者相互制约。
这就是自由贸易的原理。
生产·销售
消费
自由贸易的原理和本书所主张的个人自由虽有不同，但两者都是建立在同样坚实的根据上的。
自由
贸易
对贸易的限制和对以贸易为目的的生产的限制，
社会
限制
实际上是对自由的约束。
所以，密尔认为这样的限制是不可取的。
请解除限制吧！
限制
但关于“自由贸易论”的界限问题，有人还有疑问。
比如，为了防止无良商家弄虚作假，公众是否应该对商家进行某种程度的监管呢？
劣质品
100%
公共
监管
又比如，工厂中的卫生预防措施和危险作业工人的保护方法，
危险!
是否应该由政府出面进行干预制定呢？
我认为，社会对这些问题进行管理是非常正当的行为。

但也有一些干涉贸易的行为在本质上就是对自由的干涉。
干涉
比如前面提到的禁酒法、危险药品的禁售等。
总之，像这样为了使人们不能获取某种物品
不可以！
或很难获取某种物品的干涉行为，
通过
制裁
限制
危险
都是属于干涉了自由。
干涉
这些行为干涉了消费者的自由。
我就想买，为什么不让我买！
你想买什么？
禁售危险药品还会引发一个新的问题：
那就是警察的职能界限究竟在哪里。
也就是说，如果警察为了阻止事件的发生而干涉一个人的自由，那这种干涉可以到怎样的程度呢？
虽然防止犯罪的发生是政府的职能之一，
但这种职能很容易被滥用，也很容易对个人的自由造成侵害。

如果毒药是用来杀人的，那么严禁制造和销售是非常对的。
但也有人是出于好的目的而需要“毒药”。
我要用毒药来制作有用的药物呢。
所以，全面禁止销售危险药品并不是可取的措施。
那么，社会究竟应该如何设定限令才能不违背自由的原则呢？
限令
比如，我们可以将“此药有毒请注意”的标示贴在药品的包装上，
危险
DANGER
这样既不会侵犯消费者的自由，又达到了保护社会成员的目的。
我要小心才行！
危险
要想使危险药品既不引发犯罪，
又不侵害人们为了好的目的而使用这类药的自由，
唯一的办法就是采用边沁所说的“预设的证据”。
预设的证据
这是什么意思呀？
就是说两个人在制定契约的时候，
按照法律的要求，必须进行某种形式的手续，以证明这个契约是合法而有效的。
法
这个手续可以是当事人签名，也可以是见证人证实等。

只有经过了这些证明手续，契约才算是正式签订了。
Contract
契约
这样做可以很好地阻止假契约的发生。
现在我们就算签约成功啦。
契约
销售有可能用于犯罪的商品时，我们也可以采取同样的方法。
销售者只要在账簿上仔细记录下交易的实际时间、购买者的姓名和地址、所售商品的真实内容和数量，
10点10分
查理·斯通
×××药品
4瓶
以及购买者的购买理由就可以了。
谢谢惠顾！
密尔认为，这样的限制对于一般买商品的人来说不算什么障碍，
这样买挺方便的嘛。
对于想利用这些商品做坏事的人来说却非常麻烦。
这样我还怎么做毒苹果。
社会有权为了预防犯罪而采取保护措施。
法
有时候也可以通过正当的方式对纯粹关乎个人的错误行为进行干涉。
个人
比如，当一个人喝醉酒的时候，通常不会受到法律干涉。
我自己花钱，自己喝酒！
咕噜
酒
但如果这个人曾因为喝醉酒对他人施加暴力而被定罪，
有罪！
砰
酒

当他再次被人发现喝醉酒时，
法律就应该单独对他进行限制。
咕噜
beer
酒
再比如，懒惰本身并不应该受到法律的惩罚，
但如果一个人因为懒惰而不履行赡养家庭的义务，
我们已经饿了三天了……
社会就必须强制他履行义务。
这时，又有人会问了：
如果一个人的行为虽然很不像话，但真的只对他自己产生影响，
社会是否应该对他的行为进行禁止或惩罚呢？如果那样做了，是否算是侵犯了他的自由呢？
如果社会不干涉他，
咕噜
他却不断鼓动周围的人也像他那样做，又该怎么办呢？
你也来喝喝看！
这个问题很难回答。
因为劝说别人做某件事从严格意义上来说不能算是只关乎自己的行为。
劝说
对别人的忠告或劝说其实是一种社会行为，
我个子小又怎么啦！
豆豆，你个子那么小，要不要穿高一点的鞋子？

所以这种行为和其他给他人造成影响的行为一样，
有罪
砰！
是应该受到社会限制的。
但再往深处想一想我们就会发现，虽然这种行为不属于个人行为，
等一下！
却是由个人行为衍生而来的，所以说它属于“影响他人的行为”也不对。
哼！
啪啪
如果说，我们允许一个人在只关乎自己的事情上，
别管我吃什么！
哈哈哈
在他自己承担风险的前提下，采取他认为最合适的行动，
是吃青蛙好呢？还是吃癞蛤蟆好？
那么，也应该允许他有同样的自由与他人商量如何做好某件事。
黄牛青蛙最好。
新鲜的兔子
月刊杂志
但如果向他提供建议的人是为了谋取私利呢？
钱
毒酒
比如，一个人教唆另外的人去做危害社会的事，
这个喝了对身体好。
毒酒
以便自己从中获得好处或金钱利益。
说到这里，问题就更复杂了。
那么，到底应不应该干涉呢？
比如，我们是否应该容忍赌博呢？

这两件事就属于处在社会与个人这两个原则之间的。
站在任何一边看，都是有理的。
个人
社会
宽容的人认为，
这两种行为不过是人们谋生和获利的手段，怎么能算犯罪呢？
宽容
之前不是说过，对于某件“只关乎自己”的事情，
社会是没有权力进行干涉的吗？
社会只能说服个人不要做那件事，仅此而已。
能不能别这么玩呀？
闭嘴！
反对者却认为，
虽然社会和国家没有权力干涉，
反对
但至少有权对这件事究竟是好是坏进行争论。
论
我是这么想的。
怎么想的？
我们可以认可一个人赌博的自由，
但不应该允许公共赌场的存在。
诚然，这样的措施可能没有效果。但是就算把独裁的权力交给警察，地下赌场不是还继续存在吗？

如果他们只向爱赌博的人秘密开放，其他人又怎么会知道呢？
谁会知道我们在这儿？
我知道。
我也知道！
总而言之，社会对赌博行为的干涉只能进行到这个程度了。
那意思是说，我们可以不管赌徒吗？
但应该对赌场老板施以处罚！
你这个想法不错，但也不能说完全妥当。
因为这里又有问题了。
国家一方面允许某种行为，
另一方面又以间接的方式阻止人们
不要做这样的事，这样真的合适吗？
限制
比如，国家为了限制人们饮酒而提高酒的价格，
酒类税要收高点才行！
政府
或是限制卖酒的地方，这种做法真的正确吗？
卖酒的地方在哪儿呀？
这个问题同样要视情况而定。
密尔认为，如果将“买酒困难”视为唯一的目标来提高征税标准，
政府
税收

那这就和全面禁酒性质相同了，唯一的不同就是程度上的轻重。
干脆直接禁酒好了！
如果说全面禁酒是错误的，那这样的做法也不正确。
因为对于那些无法支付高昂费用的人来说，这和禁酒没有区别。
难道只有有钱人才能喝酒吗？
反对
有能力付钱的人又觉得，这等于是为了自己的爱好在交罚金。
我不就喝一杯酒嘛，凭什么要交这么多税！
按理说，每个人用自己挣的钱履行了法律和道德的义务之后，
税金
法律
剩下的钱完全可以用来做自己想做的事。
我乐意！
刺啦刺啦
烧得真旺呀！
不管喝酒还是不喝酒，都应该由自己来选择！
这样说来，酒价之所以这么高昂，
哼
是国家为了增加收益而故意提高了税收标准！
但是，国家的这种做法也不是完全不可取的。
国家要想维持财政收入，就必须征税。
税
在大部分国家，很大一部分税收都属于间接税。
不相上下！
间接
间接
因此，国家只能在某些消费品上提高征税标准以增加收入。
强烈要求降低征税标准！

而在买不起这些消费品的人看来，这些商品就成了“禁用品”。
政府
对不起！
因此，提高酒类征税就成了维持国家财政收入的一种最有效的方法。
政府
TAX
而密尔认为，这种方法没有什么过错。
唉，酒的味道不如从前了。
税金
但要注意的是，征收高额税金的商品不应该是消费者日常生活中必需的。
比如不能把面包作为征收高额税金的商品！
而那些只要很少量就可以置人于死地的危险物品，自然应该作为征收高额税金的首要目标。
高额征税
现在我们来谈谈“契约”的问题。
合同书
当两个人签订的契约只关乎他们自己时，社会必须保障他们的自由。
自由
这句话也适用于许多人一起签订契约的情况。
如果这个契约的内容只关乎他们自己，那么只要他们相互同意了，社会就不应该干涉。
许多人一起合作时，如果中途不发生什么变故，进展就会十分顺利。
但谁能保证中途一点变故都没有呢？所以签订契约是非常有必要的。
签订契约的原则就是，一旦签订就必须遵守。

但这个原则也有例外的时候。
冷
例外
那就是当某个契约侵犯了第三方的利益时，那双方就没有遵守契约的义务了。
同时，如果某个契约是会对契约中的一方造成损害的，那契约双方也没有必要遵守契约。
契约
比如，如果一个人在契约中同意将自己卖为奴隶或允许作为奴隶被出卖，这个契约就是无效的。
卖身为奴
社会之所以不能干涉个人的行为，
正是为了保护个人的自由。
自
由
而一个人同意将自己卖为奴隶，岂不是等于放弃了自由？
社会是不允许一个人拥有“放弃自由”的自由权的。
另外，密尔认为，一个人无论签订什么契约，都拥有取消契约的自由。
我有取消契约的自由！
解除
但对于“婚姻契约”，密尔则有不同的看法。
婚姻契约有一定的特殊性，
威廉·洪堡认为，如果婚姻双方确实感情不和
就无法达成契约中规定的目标。
我不爱你了，怎么和你继续生活？
可我还想和你过一辈子呀……

在这种情况下，如果婚姻双方有一人
明确地表示希望解除婚姻关系，那么这份契约就有理由被废除。
我们离婚吧！
好啊！
离婚
不能这么简单处理。婚姻契约的问题实在是非常重要又非常复杂！
为什么呢？
因为涉及子女的问题！
如果两个人在签订婚姻契约后生下了第三方（也就是孩子），
呜哇——
那么这两个人就对第三方产生了义务。
义务
这个义务的履行以及履行方式
不就是说养孩子嘛！
必然会受到契约双方继续或中止关系的影响。
当然，社会不能完全不考虑一方不愿再履约的愿望，
我不想继续和她过了，为什么不让我离婚！
而强迫他继续履行婚姻契约，
我也不想和你过了！
但事实就是，“抚养义务”的确带来了很大问题。
呜哇哇哇
虽然，从法律上来说双方“解除婚姻关系”和“继续履行抚养义务”并不矛盾，
从法律上来说没什么问题啦！

但从道德层面来说，离婚对孩子的影响却很大。
我讨厌爸爸妈妈……
呜呜
因此，密尔认为婚姻契约的双方应该充分考虑解除关系可能给孩子带来的巨大影响，
再决定是否离婚。
离
婚
如果父母完全不考虑孩子的利益，
那他们就应该为这种错误的行为承担责任。
另外，虽然国家必须保证人们在“只关乎自己”的事上拥有充分的自由，
但当一个人对另一个人行使权利时，
国家就有责任监管他是如何行使权力的。
可是国家却忽视了在每个家庭的内部去行使这种责任。
在外面不行，那就在家里来……
家庭
家庭关系决定了人类的幸福，
幸福
其他所有关系加起来都没有家庭关系重要。
家庭
公司
学校
地区
商业
XX
军队

家庭问题中，首当其冲的就是丈夫对妻子的“暴君式统治”。
看我怎么收拾你！
密尔认为，要解决这个问题，就必须让妻子在法律的保护下
权利
拥有和其他人同等的权利。
还有一个更严重的问题，那就是孩子的问题。
孩子们的人权！
当时大部分的父母都认为，子女是自己的一部分，
我想对你怎么样就怎么样！
对子女行使绝对的统治权。
在这种情况下，
喀喀！
法律是很难干涉的。
他是未成年人，我有权利管他！
同样的还有教育问题。
国家强制所有人在学龄时期接受一定水平的教育，
这是每一个儿童理应享有的权利。
当然，父母让子女接受适当的教育也是一种神圣的义务。

但这并不代表社会可以强制性地要求
快让孩子学习！
教育
父母去履行这个义务。
什么？
嘿嘿，我说的是让小狗学习……
有的父母从不为了让孩子接受教育而付出任何努力，
努力
我为什么要付出？！
牺牲
就算社会给孩子们提供了无偿接受教育的机会，
免费
是否接受这个机会也是由父母来决定的。
要不要去呢？
免费
我认为，如果父母没有很好地履行这种义务，国家就应该出面让他们履行义务。
另外，虽然政府要求所有的孩子接受良好的教育是一件好事，
但“教育”这件事本身不必由政府来具体实施。
国
国家教育
因为教育多样化的重要性是不言而喻的。
培训学校
自学
专业教育
公立教育
选择性教育
地区教育
网络教育
个人学习
成人教育
如果教育由国家一手掌控，
音乐政府
哲学政府
物理政府
数学政府
语文政府
地理
生物
外语
美术
那就无异于把所有人都按同一个模子去塑造。
国家唯一应该做的就是保证社会成员均有接受教育的机会。
教育

密尔认为，社会有理由要求父母尽好道德上的义务，
义务
也有理由强行要求父母履行法律上的义务，而这种义务不仅仅局限于教育方面。
法
使一个幼小的生命诞生，
这本来就是人生中最需要责任感的一件事。
如果父母不能为自己的子女
提供可以生存与成长的条件，
那就无异于是对孩子及整个社会的犯罪。
当时，欧洲许多国家都推行了“禁止结婚”的相关法律，
法律规定，如果婚姻当事人无法提供自己具备抚养家庭能力的相关证明
能力 0%
就不得结婚。
我认为，这种做法没有超过国家的正常权限。
这种干涉会不会太过分啦？

虽然这种法律必然会引起争议，
法律
但我认为，它并不算是对个人自由的侵犯。
因为婚姻当事人的能力直接影响了未来可能出生的幼小生命，
所以政府必须进行干涉。
现在我的《论自由》也讲得差不多啦。
啪啪
哇，这么快就完啦？
累死我了！
这还快啊！
最后让我们来看看这些情况，它们虽然不涉及侵犯自由，
自由
但也不应该被政府干涉。
这些情况分三种。
第一，某件事交给政府来办不如交给个人来做更好的时候。
比如说，有一个人要做生意，
“找谁做”“怎么做”这些问题关系到了他本人的直接利益，
所以没有人比他自己更清楚如何做决定。
我的问题我解决！

第二，当某件事情虽然由个人来做比不上由政府来做，
热闹
热闹
但个人出于提高自己主动性的精神素养等目的而坚持去完成那件事的时候。
爱心面包
这种情况下，政府就应该放手让个人去做。
陪审团制度、自由民主的地区自治机关、
证人
陪审团
民间社会团体、福利机构的建立都属于这种情况。
事实上，这可以算是社会对民众的一种特殊训练，
参与
也可以算是自由民众的一种政治实践。
政治
通过这样的学习，民众可以从个人、家庭的自私小圈子中走出来，
更好地理解什么是社会共同利益，并学会从公众的角度去思考和行动。

如果民众没有这样的习惯和力量，就很难维护自身的自由。
自由
反对政府干涉的第三个理由是，在政府力量日益膨胀的情况下，
政府
如果公路、铁道、银行、保险公司、大企业、大学，
如果继续任由其发展壮大，就会造成很大的危害。
企业
银行
政府
大学
保险公司
慈善团体
自治团体
如果这些机构的职员全部由政府发放薪水，又会怎么样呢？
公共慈善团体、地方自治团体等全部成为中央政府的机构，会怎样呢？
那样的国家，就算舆论再怎么自由，民主立法体制再怎么完善，
民主
自由
也不能称其为真正的“自由国度”。

另外，如果一个国家最有才干的人全部在政府机关工作、
喀喀
行政
军事
危害就更大了。
为什么这么说呢？我不太明白……
有才干的人来做行政工作，国家才会发展得更好呀！
军事
法律
行政
这个是自然的。
但如果是那样的话，普通人就会习惯在日常生活中完全听命于政府的指挥行动。
看什么看！
政府
有才能的人也会为了出人头地而一门心思从政。
嗖
在这种情况下，普通老百姓就很难对官员们的做事方式提出批评建议。
官僚
第一名!
才华!顶尖!
超强!专家!
当国家的官僚体制变得过于强大、过于优秀的时候，
官僚
即便有主张改革的人士站出来，
也无法实行任何与整个官僚体制利益相反的改革。
啪
啪

那么，怎样才能成功制约政府机构逐步陷入惰性之中呢？
我一个人怎么牵制啊！
怎样才能刺激政府机构的办公效率不断增强呢？
密尔认为，唯一的方法就是在政府机构之外拥有同等能力的监督批评力量，并对政府进行密切的关注和认真的批判。
官僚
密尔认为，要想让政府机构既不干涉人们的日常生活，
又能保持高水平的办事水平，
唯一的方法就是在保持效率的同时将权力最大限度地分散。
权力
也就是说，政府尽可能地汇总所有信息，
信息
再将信息分散出去。
政府
因为国家的力量归根结底
是来源于人民。

如果一个国家不重视人民的素质成长和内在发展，
只关注如何提高行政能力和行政效率，
这个系统最棒！
WIN
只知道将人民培养为乖乖听指挥的
温顺羔羊，
咩
那这个国家的平民老百姓就永远无法做出伟大的事业。
所以，密尔才会思考“用什么样的方法才能维护个人的价值”，而这就是他写下《论自由》的最大目的。
《论自由》到这里就结束了。
我也要为了我的幸福而追求自由！
你先想想怎么不妨碍别人吧！
快点啦！

iberty
自由

iberty
自由